JN101549

たのしくできる
ダウン症の発達支援
アセスメント&プログラム

4

監修
橋本創一
編
橋本創一・李　受眞・尾高邦生
細川かおり・竹内千仙

社会性を育む

福村出版

まえがき

本書をお手に取ってくださりありがとうございます。

1866年に，イギリスの医師Down（ダウン）氏がダウン症について初めて報告してから150年あまりが経ちました。その頃から今日に至るまで，ダウン症のある人たちを取り巻く環境は大きく変化しています。

ダウン症は，1000人に1人の出現率とされてきましたが，日本を含む先進国では，近年，さまざまな要因から500～700人に1人の出生というデータが発表されています。出生前診断が実施される医療機関が増えている中で，変わらず一定量，または増加傾向を示しながら，ダウン症のある子どもは豊かに暮らす権利をもって生まれてきて，家族と共に楽しい生活を営んでいます。一方で，合併症やさまざまな発達におけるハンディキャップがあるために，子どもの実態に合わせて，個別に，しかも集中的に，療育・保育・教育において工夫しながら支援する必要があります。知的障害者全体の1割程度を占めるのがダウン症です。日本全国の療育機関・保育所・幼稚園・学校・施設などに，必ず在籍しています。そのため，支援者・関係者にとっては，必ずダウン症のある子どもと接する機会があり，基本的な接し方や対応，療育，実践の工夫などを知ったり学んだりしたいというニーズは著しく高いと考えています。

また，ダウン症のある子どもをもつ保護者・家族は，生後間もなく子どもの障害や支援ニーズなどが明らかになることから，家庭などで0歳という超早期から子育ての工夫や療育的な要素を取り入れた関わり方を実践していることが少なくありません。しかし，合併症は多様であり，健康面に留意しながら，うまくいかない子育てに悩んだり，その発達状況を心配したりすることも多いはずです。この点は，保育所や幼稚園，学校の保育者・教師も同様です。

こうした，悩みや心配に対して，「健康に留意した上で！」「子どももおとなも背伸びをせずに！」「楽しくなければ，やめればいい！」をモットーにして，①具体的な療育的要素を取り入れた子育て・保育・教育のプログラム，②さまざまな発達領域をカバーしたもの，③ダウン症児の発達と育ちが著しい0歳～10歳（社会性とキャリア・余暇を育てるための支援プログラムは，19歳以降まで含む）の支援，などをシリーズで刊行することを企画しました。

『たのしくできるダウン症の発達支援 アセスメント＆プログラム』
第1巻　ことばを育てる
第2巻　知能を育てる
第3巻　元気な体をつくる
第4巻　社会性を育む

人間は，その生涯をそれぞれのライフステージにおける社会の中で生きていきます。その社会は，年齢とともに規模が変化したり，複雑になったり，それを構成する人々も変化していきます。生まれたばかりの時には，母親，父親などの養育者が中心でしょう。そこからきょうだい，祖父母などの家族，同世代の子ども，支援者，教師，先輩，後輩，上司，仲間，地域の人々，というように年齢や関係性などの幅が拡がったり，狭くなったりするわけです。人は，社会の中で他者と関わり合いながら生活をしていきます。関わりの中で，楽しく，満たされた気持ちになることもあれば，戸惑ったり，つまずいたり，時には不安になったり，悲しくなったりすることもあります。そういった人間関係も含め，多様な経験を重ねながら，社会で生きていく力を身につけていきます。しかし，経験を重ねる過程や力をつける時期に支援が必要となる場面もあり，特に障害のある人の場合には，その状態・状況などにより支援の度合いも異なります。ダウン症のある人は，対人関係面において社会性の発達が良いといわれることがありますが，詳細にみていくと，支援が必要な場面や領域もあると考えられます。また，人は年齢を重ねていきながら，どのような生き方をしたいかといった，自分の将来についての希望を考えるようにもなります。生き方を考えること，つまりキャリア発達を模索するといったプロセスも，ダウン症のある子どもたちには大切です。

さらにその生き方には，仕事，暮らし，人との関わり，余暇などさまざまな要素が含まれていますが，より豊かな生活を送る上では，周囲の支援者が余暇の重要性を十分理解し，本人が余暇を選び，楽しめるサポートが必要になってきます。このような社会性，キャリア，余暇といった点において，周りの支援者は，どのようなサポートをすればよいのでしょうか？

そこで，本書では，支援の必要な領域に対する背景や，支援の具体例，その際のポイントなどを具体的に記しました。第１章から第６章まで，ダウン症の人の社会性，キャリア発達，余暇についてその発達的視点をもとに，支援ニーズ，社会的背景などについて解説しています。また，年齢ごとの生活場面における支援の際の関わりの視点についても述べています。第７章では，保護者の方の子育ての経験から子どもの成長や社会的背景も踏まえ，その気持ちを紹介しています。第８章，第９章の支援プログラムは，支援の際の視点や，年齢ごとに具体的なプログラムを用意しました。療育，学校，就労，福祉，家庭といったさまざまな場面で活用できる内容になっています。ダウン症のある人の人生を支える家族・保育者・教師・支援者・仲間・専門家などにとって，乳幼児期から成人期までのライフステージごとに成長や発達を支える具体的なヒントが得られると考えています。

最後に，お忙しい中ご執筆くださった皆様，ご協力いただき感謝いたします。また，出版にあたり福村出版編集部の方々に大変お世話になりました。関わってくださった皆様のお力添えあっての本書です。これからこの本が世に羽ばたき，社会の中で架け橋となって，ダウン症のある子どもやおとなへの理解が広がり，誰もが自分らしくいきいきと暮らせる社会になる，その一助となることを切に願っています。

2023年３月21日世界ダウン症の日に

尾高邦生／橋本創一

目　次

1 章

社会性の発達と育ち・学び

李　受眞

1. 乳児期における社会的発達の育ち

新生児期は泣くことにより，自身の空腹や体温変化や排泄等の不快感を表出します。それを受けた養育者は授乳をしたり，オムツを替えたり等適切な対応をしていきます。これを繰り返すことにより，子どもは養育者を大切な人として認識し，信頼していきます。

生後２か月頃に表す「あーうー」「えーおー」といったクーイングに対して養育者が反応することにより，乳児は声を出すと養育者を呼ぶことができるといった学習をしていきます。３か月から６か月頃になると，養育者の名前の呼びかけに対して視線を合わせることができ，笑顔を交わすという社会的微笑みをすることで気持ちを共有していきます。３か月頃では誰に対しても微笑んでいたことが，６か月頃には親等見慣れている人にだけ微笑むようになり，８か月頃には人見知りが起こります（高橋，1990）。生後半年のダウン症児の場合，母親とのアイコンタクトや発声ができるようになるまで時間がかかるといわれており，その表出においても不十分であることが報告されています（Berger & Cunningham, 1983, 1981）。

生後7か月から9か月頃になると，名前の呼びかけに対して顔を向けたり，養育者の「ちょうだい」に反応することができ，手渡しのようなやりとりができるようになります。養育者の呼びかけや要求に対して反応をすることで，自分には自分の，養育者には養育者の「思い」があることについて気づき始めます（鯨岡，2008）。また，子音と母音が重ねられている喃語（ダダダ，ババババ等）から「マンマン」や「ブーブー」といった特定なものを表すことばを発するようになっていきます。養育者は喃語を発する乳児に対して積極的に働きかけていくことで，コミュニケーションの発達につながります。

10か月から12か月頃になると，指差しをすることにより，子どもは自分の興味と関心を表すと同時に他者との共有を図ります。それに対して指差しを通して伝えることによって周囲のおとなはことばで応答します。このようなやりとりを繰り返すことによって具体的なコミュニケーションにつながります。さらに，12か月頃の幼児は自分のための指差しをするだけでなく，相手の知らない情報を教えるために指差しを行っていることが示されています（Liszkowski et al., 2006; Liszkowski et al., 2008）。

2. 幼児期の集団生活における仲間

1歳から3歳頃になるにつれ，意味のあることばを話すようになり，遊びの相手が同年齢の仲間に移行していきます。この時期は友だちと同じ空間で似たような遊びをしているものの，関わりは少ない遊び方をします。ところが，3～4歳頃になると同じ空間でおもちゃをやりとりしながら同じ遊びをすることができます（図1-1）。しかし，同じ遊びをしていてもそれぞれがやりたいことをやっているだけで，協働的に遊んでいるようには見えません。4歳から6歳頃になると，他者の考えを理解して，役割分担をする等コミュニケーションをとりながら同じ目的の遊びをすることができます。また，遊びの開始におけるコミュニケーションについて3歳では，仲間に対して「入れて」と言うルールが定着していませんが，仲間の行動の模倣が多いです。それが4歳になると，

図 1-1 同じ空間でひとり遊びをする子どもたち（3～4歳頃）と同じ目的の遊びをする子どもたち（4～6歳頃）

仲間入りルールを多く使うようになり，「入れて」を相手が言ったかどうか確認をする行動が見られます（松井他，2001）。さらに，この時期の子どもは仲間を模倣することで多様な遊びを取り入れる等，新しい行動を学習していきます。年齢が低い子どもの場合，人気のある子ども，支配的な子ども，自分と親しい関係にある子ども，自分より年長の子どもをモデルとする傾向がより強いです（遠藤，1990）。

3. 児童期における仲間集団の意義

小学校生活を送る上で教師との関係が学習成績に影響を及ぼし，同じクラスの仲間との関係が社会的発達につながります。さらに，児童期にとって最も親しみを感じる友だちは同じクラスや同じ水泳教室に通う等の社会的状況や環境等に影響されています（Bigelow，1977）。小学校高学年になるにつれ，最も親しみを感じる友だちとして期待することは，価値や規則を共有し，社会的に受け入れられることです。そのため，友人に受け入れられていることが非常に重要な価値観になります。

ギャングエイジと呼ばれる児童後期になると，仲間集団や異年齢集団と時間を過ごすことが増えていき，仲間を作り，集団で行動をしていくことで成人後の社会生活に必要なさまざまな社会的スキルや社会的知識を学んでいきます。たとえば，集団の中での役割，ルールを守ることの重要性，競争や対立の経験，自己主張の方法等これまでおとなに依存していた段階から自立に向けた大事な発達過程の１つとなります。しかし，近年は子どもの仲間集団が大きく変化してきています。遊び方の変化により室内で１人で遊ぶ時間が増える等の理由で，ギャングエイジを経験しないことが問題であると指摘されています。

4. 青年期の対人関係

児童期では物理的な距離が同じで活動を共にすることで仲間を作っていますが，青年期になると心理的な距離の近い人は自分にとって重要な他者であることを認識していきます。また，これまでの悩みごとや相談ごとについて親と一緒に考えたり決めたりしていたことが減っていきます。全国の 13 歳から 29 歳までの男女を対象に相談したり支援を受けやすい相手について聞いたところ，13 ～ 14 歳は「家族や親族」「学校の先生」と答える割合が他の年代と比べて高いことが報告されているものの，15 歳以降から「家族や親族」と答える割合は大幅に減ります（内閣府，2019）。この結果から，青年期の初期の対人関係は親や学校の先生といったおとなに対する心理的深い関係性が，同年代の友だちや恋人等にだんだんと移行をしていく時期ともいえます（図 1-2）。

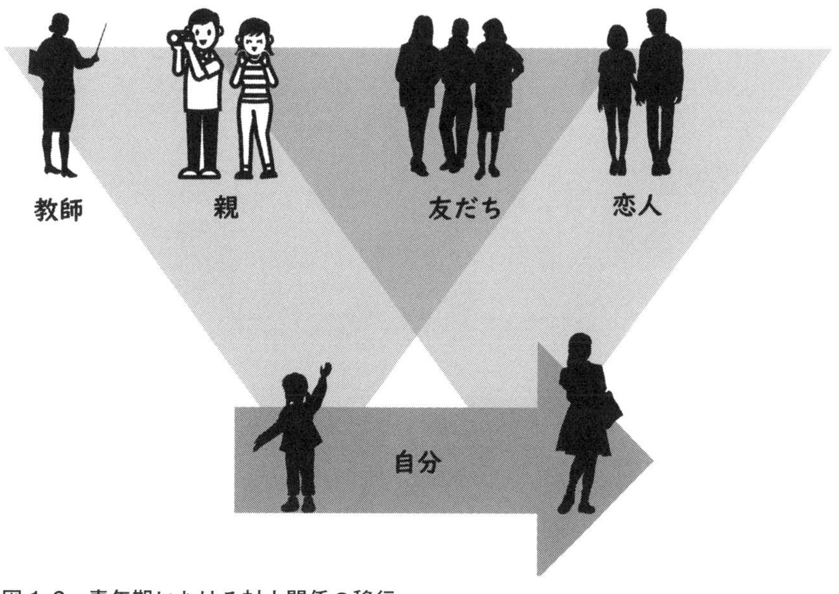

図 1-2　青年期における対人関係の移行

5. 青年期における自己と社会の中での課題

思春期とも呼ばれる 12 〜 13 歳頃になると，「自分とは何者か」と自己を社会の中に位置づける問いかけをしていきます（図 1-3）。心理学者であるエリクソンは心理社会的発達理論で人間の一生を 8 つの発達段階に分類し，青年期における発達課題を自我同一性（アイデンティティ）の確立としました。また，青年期になると，周囲にいる重要な他者との関わりの中で，さまざまな社会的自己と役割を形成していくとともに，見直しつつ取捨選択をし，統合した自己を確立していきます。このように自分自身を見つめるために模索している期間をモラトリアムといいます。しかし，自分自身についてあまり疑問を抱かず，深く向き合わずに今後の進路や生き方について決めてしまう場合や今後の人生について考えることを諦めてしまう場合もあります。その場合，成人期になっ

図 1-3　自己を社会の中に位置づける問いかけをしている青年

た時に自分の生き方についての自信がもてず後悔をしてしまう等，進路決定後も適応がうまくいかないこともあります。自己に対する概念を健全に発達させるためには状況に対する自身の見方を変えてみたり，目標を変えてみたりする等柔軟に対応をしていくことが重要です。

6. 成人期における社会参加

成人期では進学，就職，自立，結婚といったライフイベントがあり，職業生活における社会参加，新たな家族の関係を作っていくことになります。これまで模索してきた自己概念をまとめながら自分の適性や能力について吟味し，さらには自分の価値観や能力に合ったキャリアを選択することが求められます。将来にやりたい仕事について考えることから始め，職業生活に必要な態度，知識，基礎的な技能等の獲得を目指していきます。マイナビ（2020）で大学 1 年生から 4 年生 1280 名を対象にしたアルバイトの実態調査によると，現在アルバイトをしている大学生は 71.9% でした。また，現在アルバイトをする上で意識していることについて「将来の仕事や職業に役立つような経験をする」25.1%，「どのような仕事が自分に合っているのか理解する」17.6%，「数多くのスキルを身につける」27.2%，「専門的なスキルを深めるまたは身につける」13.6% の大学生が回答しており，職業生活の準備段階においてアルバイトを通して将来のキャリアやスキルの多様性を深めようとしている学生もいます。一方でアルバイトをする理由として一番大きいのは金銭的な面であり，さまざまな他者との出会い，コミュニケーションの経験が将来に生かされることが考えられます。志望する会社について理解を深めたり，働くための意識を高めたり，適性を確かめるために，大学生のうちにインターンシップに参加する学生もいます。2022 年卒業予定の大学生のインターンシップへの参加割合は 84.5% であり，年々高くなっていることが報告されています（マイナビ，2021)。

[文 献]

Berger, J. & Cunningham, C. C. (1981). The development of eye contact between mothers and normal versus Down's syndrome infants. *Developmental Psychology, 17*, 678-689.

Berger, J. & Cunningham, C. C. (1983). Development of early vocal behaviors and interactions in Down's syndrome and nonhandicapped infant-mother pairs. *Developmental Psychology, 19*, 322-331.

Bigelow, Brian J. (1977). Children's Friendship Expectations: A Cognitive-Developmental Study. *Child Development, 48*, 246-253.

遠藤純代（1990). 友だち関係. 無藤 隆・高橋恵子・田島信元（編），発達心理学入門Ⅰ —— 乳児・幼児・児童. 175. 東京大学出版会

鯨岡 峻（2008). 表出から表現へ —— 関係の中で変わる子どもの表現活動. 徳永豊・早坂方志・渡邉 章（編），肢体不自由教育シリーズ2 コミュニケーションの支援と授業づくり. 29-37. 慶應義塾大学出版会

Liszkowski, U., Carpenter. M., Striano, T., & Tomasello, M. (2006). 12- and 18-Month-Olds Point to Provide Information for Others. *Journal of Cognition and Development, 7*, 173-187.

Liszkowski, U., Carpenter. M., & Tomasello, M. (2008) Twelve-month- olds

communicate helpfully and appropriately for knowledgeable and ignorant partners. *Cognition*, *108*(3), 732-739.
松井愛奈・無藤 隆・門山 睦（2001）．幼児の仲間との相互作用のきっかけ —— 幼稚園における自由遊び場面の検討．発達心理学研究，*12*，(195-205)．
マイナビ（2020）．大学生のアルバイト実態調査（2020年）．https://career-research.mynavi.jp/reserch/20200424_5496/（2022/01/20）
マイナビ（2021）．2022年卒大学生　広報活動開始前の活動調査．https://career-research.mynavi.jp/reserch/20210308_1091/（2022/01/20）
内閣府（2019）．子供・若者の意識に関する調査（令和元年度）．https://www8.cao.go.jp/youth/kenkyu/ishiki/r01/pdf-index.html
高橋道子（1990）．乳児の認知と社会化．無藤 隆・高橋恵子・田島信元（編），発達心理学入門Ⅰ —— 乳児・幼児・児童．56．東京大学出版会

2章

ダウン症にみられる社会性の問題と支援ニーズ

歌代萌子

ダウン症のある子どもは，「人なつこい」「陽気で明るい」「愛嬌がある」「人との触れ合いを好む」「模倣が得意」等の特徴が挙げられることが多く，社会性の発達が良好であるという印象をもたれやすいです。実際に，ダウン症のある子どもがニコニコと人と関わる姿に，周りの人も笑顔になり空気が和む場面をよく目にします。また，3歳から13歳のダウン症のある子どもを対象とした新版S-M社会生活能力検査を用いた研究（鈴木他，1997）では，年齢の上昇とともに緩やかながら社会生活能力が発達していくことが示されています。一方，社会性は社会において生きていくために求められる全般的な能力（井澤他編著，2008）であり，さまざまな力が含まれます（表2-1）。鈴木他（1997）では，比較的発達が良好な領域と遅れや困難さが目立つ領域や項目があることが示されており，金野（2019）や伊麗・菅野（2012）においても，ダウン症について，社会性の良好さと，社会性の発達の遅滞や対人関係における課題といった両側面の指摘があることが示されています。ダウン症の対人関係に関する研究では，表2-2のような行動が課題として挙げられているようです。良好な面は強みとして生かしたりより伸ばしていく一方，獲得しづらさや生活上の困難さがみられる面については，個々に合わせた配慮や，発達を促す支援をしていくことが必要でしょう。

表 2-1　社会性に含まれる力

対人関係上で相互作用に必要なスキル
話す　聞く　挨拶する　やりとりや会話をする　話し合う　応答する　質問する　お願いする　主張する　関係をつくる　関係を維持したり，より良い関係にする　問題を解決する　対人関係・集団に参加する　感情を処理する　等
基本的な社会生活スキル
衣服の着脱　排泄　食事　交通機関の利用　電話の使用　　等

（井澤他，2008 を参考に作成）

表 2-2　ダウン症にみられる対人関係の課題

言語・非言語的意思疎通の困難
他者との関わりが消極的（受動的）である
対人行動範囲が狭まっている
他者からの干渉（指示・命令）を嫌う
情緒不安定，怒りっぽい
集団参加を好まない，一人で過ごそうとする孤立化傾向
他者への注意や関心が少ない
好きな教師・友だちにつきまとったり，過干渉である
対人的場面では緊張する
集団の中では会話（発語）が少ない
他者からの働きかけに対する応答が弱い
非言語的反応（表情）の乏しさ

（伊麗他，2012）

1. 初期の社会性の発達

乳児期のダウン症のある子どもは，「泣く」「笑う」という行動や発声が少ないといわれています（岡崎・池田，1985）。周囲のおとなが「おとなしい子ども」と感じることも少なくないようです。泣きや笑い，発声は，社会性の発達の基礎となる愛着を形成していくための手段です。泣きや発声といった子どものシグナルにおとなが応答したり，おとなからの働きかけに対して子どもが笑う等，相互の関わりを通して愛着が形成されていきます。子どもからの発信が少なくおとなしいと，おとなからの働きかけも少なくなりやすいですが，おとなから積極的に働きかけることや，発声や笑いを引き出すような遊びをすること，子どもの小さな反応を敏感に感じ取りタイミングよく応じること等が大切です。このような関わりの中で，自己意識や他者意識も芽生えていきます。

2. 自己理解・他者理解

自分自身のことを理解する力や，自分と他者を区別する力，他者の気持ちや考えを理解する力は，人との関わりや社会生活を上手に営んだり，より豊かな生活を送っていくために大切な力です。自己理解や他者理解の発達は相互に関係し，ダウン症のある子どもは乳幼児期から遅れがみられます（岡崎，1991；岡崎他，1986）。また，これらの発達には認知能力が影響しますが，ダウン症を含めた知的障害のある人の自己理解は同程度の知的発達水準の健常児に比べて低い可能性（小島・池田，2004）や，自分自身について多面的に理解することの難しさ（小島，2018）等も指摘されています。また，自分の気持ちをことばで十分に表現できないという言語発達と関連した難しさ，自分の気持ちと表情をうまく結びつけられないこと（玉井，2012），主体性が求められる場面での意思表示の難しさ（小島・池田，2000a）等，自分の気持ちや考えを表現することにも課題があるようです。自分らしく豊かな生活の実現に向けて，乳幼児期から自己や他者への気づきを促すこと，自分自身について，好きなことや嫌いなこと，長所短所等，多面的に理解できるよう支援していくこと，気持ちや考えを表現したり自己決定の機会を設けること，言語やそれ以外の手段を含めて表現する力を育む支援をしていくこと等が重要といえます。

3. 行動統制

「頑固」「気持ちの切り替えが難しい」等は，幼児期から成人期までみられる特徴としてよく挙げられ、対人関係や集団場面で困難さにつながることもあります。ダウン症の自己制御に関する研究（小島他，1999；小島・池田，2000a）でも，他者との関わりの中で相手の意見を踏まえて柔軟に対応することや，要求が受け入れられない場面での感情抑制の低さが指摘されています。行動統制には，状況や相手の感情を推測する力や，自分と相手の立場を分けて捉えたり，自分だけでなく相手の立場に立って考え，行動を調整する力等が関連しており（小島・池田，2000b），このような力を育む支援をしていくことが求められます。また，青年期や成人期のダウン症の適応行動に関する研究（細川他，1992）においても，思い通りにならなかったり注意をされると引きこもったりふくれてしまうといった行動がみられることが示され，ストレスへの弱さやストレス解消の困難さが指摘されています。こうした面は，精神衛生や社会適応の問題等につながる可能性もあり，ストレスを解消する方法を身につけられるような支援も必要といえます。

4. 仲間交流・集団参加

幼児期以降，子ども同士の関わりや集団で過ごす場面が増えていきます。ダウン症のある子どもは，学校生活等での規則に従うことは優れているといわれています（小島他，1999；小島・池田，2000a）。一方，子どもよりもおとなとの関係を求めやすく，友だち関係が広がりにくい傾向があるようです。また，自分より年下や弱い立場にある友だち対して優しく気配りができる面がある一方，そのような特定の友だちとの関わりに固執したり過度な関わりとなってしまうこともあります（菅野他編，2005）。津守式乳幼児精神発達検査を用いた研究

（菅野他，1987）や新版S-M社会生活能力検査を用いた研究（鈴木他，1997）では，ダウン症のある子どもは，ごっこ遊びやルールのある遊び等，ルールや役割の理解，イメージの共有といった認知発達や言語発達が関係する項目で難しさがみられることが示されました。また，自分から主体的に他児と関わって遊ぶことの不得意さ（小島他，1999），引っ込みがちで恥ずかしがりである（細川他，1992）等，他者との関わりが消極的・受け身的であるという面は，乳児期から成人期を通してみられる特徴であり、このような面は，青年期や成人期になると，1人で過ごそうとする孤立化傾向や他者との関わりの狭まり等，課題として深刻化することもあります（伊麗・菅野，2012）。乳幼児期から，他者との交流や集団参加の機会を設けたり，よりよい関わり方や参加の仕方を身につけられるよう支援していくことが必要でしょう。

社会性にはさまざまな力が含まれ，ライフステージによって求められる力が高度になったり変化していく面もあります。認知発達や言語発達等，諸側面の発達が相互に関わり発達していく領域でもあります。これまで述べてきた特徴にはもちろん個人差があり，ライフステージの変化に伴い課題が深刻化・多様化していくことや（伊麗・菅野，2012），環境や教育によって左右されることもあります。個々の発達段階やライフステージ，環境等，包括的に状態像を捉え，必要な支援を行っていくことが大切です。

［文　献］

伊麗斯克・菅野 敦（2012）．ダウン症児・者の「対人関係」に関する文献研究——研究動向と先行研究の分析を踏まえて．東京学芸大学紀要総合教育科学系Ⅱ，*63*，263-275.

細川かおり・池田由紀江・橋本創一・菅野 敦（1992）．学齢期および青年期ダウン症児・者の適応行動の特徴．心身障害学研究，*16*，111-116.

井澤信三・霜田浩信・小島道生・細川かおり・橋本創一（編著）(2008)．ちゃんと人とつきあいたい ―― 発達障害や人間関係に悩む人のためのソーシャルスキル・トレーニング．エンパワメント研究所

菅野 敦・池田由紀江・上林宏文・大城政之・橋本創一・岡崎裕子 (1987)．超早期教育を受けたダウン症児の発達特性 ―― 津守式乳幼児精神発達検査法による検討．心身障害学研究，*12*(1)，35-44.

菅野 敦・玉井邦夫・橋本創一（編）池田由紀江（監修）(2005)．ダウン症ハンドブック．日本文化科学社

小島道生 (2018)．その子らしさを伸ばす；学齢期ダウン症児の支援．脳と発達，50(2)，125-127.

小島道生・池田由紀江 (2000a)．ダウン症者の自己制御機能に関する研究．特殊教育学研究，*37*(4)，37-48.

小島道生・池田由紀江 (2000b)．青年期ダウン症者の自己制御機能に関わる要因の検討．心身障害学研究，*24*，9-19.

小島道生・池田由紀江 (2004)．知的障害者の自己理解に関する研究 ―― 自己叙述に基づく測定の試み．特殊教育学研究，*42*(3)，215-224.

小島道生・池田由紀江・菅野 敦・橋本創一・細川かおり (1999)．ダウン症児の自己制御機能の発達に関する研究．心身障害学研究，*23*，27-36.

金野楓子 (2019)．ダウン症候群の社会性の特徴について．発達障害システム学研究，*18*(2)，115-122.

岡崎裕子 (1991)．ダウン症乳幼児の社会性の発達 ―― 自己・他者認知を中心に．特殊教育学研究，*29*(3)，55-59.

岡崎裕子・池田由紀江 (1985)．ダウン症乳児の発達特徴に関する分析的研究．心身障害学研究，*9*(2)，65-74.

岡崎裕子・池田由紀江・長畑正道 (1986)．ダウン症乳児の発達的特徴に関する分析的研究（続報）．心身障害学研究，*10*(2)，59-71.

鈴木弘充・小林知恵・池田由紀江・菅野 敦・橋本創一・細川かおり (1997)．新版S-M社会生活能力検査によるダウン症児の発達特徴．心身障害学研究，*21*，139-147.

玉井邦夫 (2012)．ダウン症のこどもたちを正しく見守りながらサポートしよう．日東書院本社

3章

医療的問題と治療，健康管理

竹内千仙

医学の進歩とともに，ダウン症候群のある子ども（正式な医学用語はダウン症候群であり，本章では略さずに記載します）の寿命は伸び，現在ではその90%以上が成人を迎えられるようになりました。近年平均寿命は60歳を超え，ダウン症候群のある70代，80代の方も決して稀ではありません。ダウン症候群のある人では成人後もさまざまな合併症があり，生涯を通じた健康管理が欠かせません。

1. ダウン症候群のある成人にみられる，おもな合併症：内科・整形外科疾患

表3-1に，ダウン症候群のある成人にみられるおもな合併症の一覧を挙げました。沢山の病名が書かれていることに驚かれるかもしれませんが，すべての人が全部の病気になるわけではありません。以下に頻度の高い疾患について，解説します。

（1）内分泌・代謝疾患

①甲状腺機能異常症

甲状腺ホルモンは体の新陳代謝を促し，発育や成長にも関係します。ダウン

表 3-1　ダウン症候群のある成人にみられるおもな合併症の一覧

内分泌・代謝疾患	甲状腺機能異常症，高尿酸血症
循環器疾患	成人先天性心疾患，僧帽弁閉鎖不全症，三尖弁閉鎖不全症，大動脈弁閉鎖不全症，心臓伝導障害
呼吸器疾患	睡眠時無呼吸症候群
生活習慣病	肥満症、高脂血症
消化器疾患	胃食道逆流症，食道裂孔ヘルニア，便秘症
神経疾患	てんかん，アルツハイマー病，もやもや病，脳アミロイドアンギオパチー
精神疾患	自閉スペクトラム症，強迫性障害，うつ病 / 抑うつ状態
眼科疾患	白内障，円錐角膜
耳鼻科疾患	難聴，耳垢塞栓
整形外科疾患	環軸椎不安定性，変形性頚・腰椎症，変形性股・膝関節症，骨粗鬆症
皮膚科疾患	湿疹，ドライスキン，毛嚢炎，粉瘤
歯科疾患	う蝕，歯列不正，歯周病，摂食嚥下機能障害
婦人科疾患	早発閉経

（日本ダウン症学会，2021）

症候群のある人では免疫の異常による甲状腺機能の障害が起こりやすく，甲状腺機能異常症を合併することが多いのです。

（i）橋本病（慢性甲状腺炎）

甲状腺に慢性の炎症が起きている状態で，甲状腺の機能が変動し，進行すると甲状腺機能低下症となります。小児期以降に徐々に頻度が増え，ダウン症候群のある成人の約 40% にみられます。元気がなく疲れやすい，動作が遅い，むくみやすい等の症状をきたすことがありますが，気づかれずに症状が進行してしまうこともあります。治療には，甲状腺ホルモンの補充（飲み薬）が必要となります。

（ii）甲状腺機能亢進症

甲状腺の機能が増し，甲状腺ホルモンが過剰に作られている状態です。体の新陳代謝が過剰となり疲れやすく，動悸や体重減少，発汗等の症状がみられます。治療には，抗甲状腺剤（甲状腺の働きを抑える薬）の内服，アイソトープ（放射性ヨウ素）治療，手術等があり，専門病院での治療が必要です。

甲状腺機能低下症，甲状腺機能亢進症のいずれにおいても症状からは診断が難しく，思春期からは毎年，年に1回の甲状腺ホルモンの検査が必要です。

②高尿酸血症

尿酸とはプリン体という物質が体内で分解されてできるもので，ダウン症候群のある成人の約半数に高尿酸血症が見られます。染色体が1本多いことに加え，尿酸を排泄する機能の低下が原因ではないかと考えられています。血中の尿酸値が高くなると関節等にたまり，激しい腫れと痛みを伴う痛風発作を起こすことがあります。さらに腎臓にたまると，腎機能が悪くなることもあります。プリン体を多く含む食物（肉類，レバー，魚卵等）を控え，十分な水分をとり，適度な運動を心がけましょう。尿酸値が下がらない場合は，尿酸降下薬の内服が必要となります。

（2）循環器疾患

先天性心疾患の手術の有無にかかわらず，成人後には弁膜症等の病気が現れることがあり，定期的な心臓の検査は欠かせません。動機や息切れ，不整脈等の症状がある場合には，成人先天性心疾患に対応できる病院で検査，治療が必要となります。

（3）睡眠時無呼吸症候群

眠っている間に呼吸が止まってしまう病気で，ダウン症候群のある成人の約50～70%に合併します。上気道の閉塞による閉塞性睡眠時無呼吸症候群が多く，痩せ型の人にもみられることから，筋緊張の低下等がおもな原因と考えられています。眠りが浅くなり，日中の眠気やイライラ，行動の変化等がみられるようになり，精神疾患と間違われることもあります。肥満に伴うものでは減量が必要で，睡眠時につけるマウスピースや，呼吸を助ける持続的陽圧呼吸療法（CPAP）という機械も有効ですが，実際には装着して眠ることは難しいことが多いようです。

(4) 生活習慣病

生活習慣病とは，食習慣，運動や休養等の生活習慣が発症や進行に関与する疾患で，以下のような疾患が含まれます。

①肥満症

ダウン症候群のある人は肥満になりやく，成人後の約70％に肥満がみられるとされていました。体の筋肉量が少ないことに加え，偏った食生活や活動性の低い生活習慣等が原因として挙げられます。最近では，小児期の食育の効果等で肥満傾向のある青年は必ずしも多くはありませんが，それでも成人後に活動量が減り，体重が増加する人が多いことは事実です。バランスが良くカロリーの低い食事を心がけ，生活の中で定期的な運動の習慣をもつように心がけてください。

②高脂血症

血液中のLDL（悪玉）コレステロールが高い，HDL（善玉）コレステロールが低い，中性脂肪が高い，のいずれかの状態を脂質異常症（高脂血症）と呼びます。動脈硬化の危険因子であり，脳梗塞や心筋梗塞の原因につながります。肥満症の治療方針と同様に，良い食習慣を保ち，定期的な運動の習慣をもつことが大切です。

以上の内科疾患の早期発見・早期治療のため，成人後は年に1回の健康診断が欠かせません。また，ダウン症候群のある人たちには高血圧，動脈硬化性疾患，白血病以外の固形がんが少ないことが知られています。理由はまだよく分かっていませんが，喫煙や飲酒等の習慣が少ないことに加え，21番染色体が3本あることの効果ではないかと考えられています。

(5) 整形外科疾患

①環軸椎不安定性（亜脱臼）

ダウン症候群のある人では，1番目の頸椎（環椎）と2番目の頸椎（軸椎）の間の靭帯に緩みがあることがあり，さらに軸椎の形成不全を伴うことがあります。約15～20%の人に環軸関節（環椎と軸椎の間の関節）の不安定性がみられますが，症状が出るのは1%程度です。過度に日常生活を制限する必要ありませんが，前転マット運動やコンタクトスポーツ等は避けるようにします。足の突っ張りや歩行障害，尿失禁等の症状が現れたら，脊髄に傷がついている可能性があり急いで整形外科を受診し，検査や治療を受ける必要があります。

②変形性頚・腰椎症，変形性股・膝関節症，骨粗鬆症

加齢による骨の変形も多く，40歳以上になると変形性関節症や，骨粗鬆症等が多くみられるようになります。症状がある場合には整形外科を受診してください。

2. ダウン症候群のある成人にみられる，おもな合併症：神経・精神疾患

ダウン症候群のある成人では中枢神経系の合併症が多く，40代以上で認知症の合併が増えていきます。また一般に知的障害のある人では，精神疾患の合併が多いことも知られています。

(1) てんかん

生涯を通じて約8～10%程度の人にてんかんの合併がみられます。発症は乳児期と老年期に多いのが特徴で，老年期に初発するてんかんは，後述のアルツハイマー病との関連があります。

(2) アルツハイマー病

ダウン症候群のある人では，40代以上でアルツハイマー病の合併が増えていきます。アルツハイマー病ではアミロイドβというタンパク質が脳にたまり，

「老人斑」と呼ばれる染みを作ります。このアミロイドβの原料となるアミロイドβ前駆体タンパク質の遺伝子が21番染色体にあるため，21番染色体のトリソミーであるダウン症候群では，アルツハイマー病の脳の変化が早期に進行するのではないかと考えられています。平均発症年齢は55歳程度で，物忘れ，日常生活能力の低下等の症状がゆっくりと進行し，てんかんを伴うこともあります。もともとの知的障害のために症状を自分から訴えることが難しく，早期発見は非常に困難です。日頃から能力を客観的に評価し，一番良い状態（ベスト・パフォーマンス）を記録しておくことが重要です。まだアルツハイマー病の根本的な治療法はありませんが，症状の進行を遅らせる薬は何種類かあり，今後，早期に診断がつくことで治療が可能となるでしょう。

（3）精神症状・精神疾患

①独り言とこだわり行動

独り言は自分に指示を出す，数える，感情の発散，自分を楽しませる等の目的があります。誰でも独り言を言うことがありますが，ダウン症候群のある人は人前でも言うために目立ちやすいのです。また，ダウン症候群のある成人では何らかのこだわりをもっていることが多く，年齢とともに増える傾向がありますが，こだわりは，それ自体で自立した行動の一助となるなど，良い面もたくさんあります。独り言とこだわり行動のいずれも，無理にやめさせる必要はありません（マクガイア・チコイン，2013)。一方で，これまでと異なる声の調子や攻撃的・暴力的な内容の独り言，こだわり症状が強くなり日常生活の妨げとなる場合などでは，薬物治療が必要となることもあります。

②うつ病

うつ病は誰もがなる可能性がある病気で，生涯で約15%の人が経験するといわれています。ダウン症候群のある人のうつ病では，一般の人と同じように疲労感，食欲低下，睡眠障害等がみられますが，こだわりの増悪や行動の停止，独り言の増加，会話の減少，尿失禁等，さまざまな症状がみられます。周囲の過干渉や，対人関係での困難等から情緒不安定となり，うつ病が発症することもあります。診断においては，最初に体の病気を除外することが重要で，十分な休養と栄養をとり，環境調整をするだけで良くなることも多いのです。

③退行様症状（急激退行）

10代後半から20代に，1～2年という比較的短期間に日常生活能力が低下することがあり，「退行様症状（急激退行）」と呼ばれていました。動作緩慢，乏しい表情や会話・発語の減少，閉じこもり等がおもな症状とされていますが，進行が止まったり，改善したりすることが少なくありません。1つの病気ではなく，実際にはうつ病や適応障害であることが多いと考えられています。

3. よりよい成人期を過ごすためには

成人期以降の生活を充実させ，健康寿命を伸ばすためには，何よりも日頃の健康管理が大切です。1人の成人として尊重され，ご本人のペースに見合った余裕のある生活を送ることが大切です。

［文　献］

デニス・マクガイア，ブライアン・チコイン（長谷川知子監訳／清澤紀子訳）(2013). ダウン症のある成人に役立つメンタルヘルス・ハンドブック ―― 心理・行動面における強みと課題の手引き．遠見書房

日本ダウン症学会（2021)．ダウン症候群の移行医療に関するタスクフォース．ダウン症候群のある患者の移行医療支援ガイド．http://www.jsgc.jp/files/pdf/downsyndrome_2021.pdf

4章

療育・保育・幼児教育・学校・民間療育・放課後等デイサービスにおける社会性とキャリア・余暇を育てる関わり（集団の中での育ち）

尾高邦生

1. 社会性

(1) ダウン症の社会性の特徴

ダウン症者の社会性については，一般的に愛想が良い，自分から他者へのアプローチが多く，人懐っこい等といった特性が指摘され，他者との良好な関係を築きながら関わることができるといった印象が多いかと思います。しかし，たとえば幼児期の様子を，詳しく見てみると，子ども同士のやりとりよりも，対おとなとの関係を求める様子もみられます。一方で，「固まる」「頑固」といった行動や特性も指摘されます。

鈴木ら（1997）によると，3歳から13歳までのダウン症児を対象に調査をし，ダウン症児は年齢が上昇するに従い，社会生活年齢も上昇することを明らかにしています。つまり，ゆっくりではあるが，社会生活に必要な力は発達していくことを示しています。

一方で，岡崎（1991）によると，他者との関わりを通して形成される自己認知については，幼児期から遅れが生じていることを指摘しています。これらの発達には他者との関わりが必要であるとされていますが，ダウン症児の場合，他児との関わりが少なくなりがちといった課題も指摘されます。これらの特性も踏まえながら，さまざまな集団場面を通して，社会性を身につけていくことが必要だと考えます。

(2) ライフステージ別の視点

①幼児期

就学前の療育センター等での療育場面では，個々の発達課題に応じた個別の指導が多く実施されています。ここでは，社会性も含めた基礎的なスキルをじっくり育てていくことができます。一方で，同年代の他児との関わりもこの時期に大切にしたい視点です。他児との遊びの中で，共同行為や物のやりとり，感情の共有等を通して，時には意図的な場面設定をしながら，社会性の発達の基礎を促すことができる時期になります。

障害の有無にかかわらず共に学び生活し育っていくインクルーシブ保育においては，同年齢の子どもたちとの生活の中で，見立て遊びやルールのある遊び，模倣による学習といった多様な刺激を受けるといったことも期待できます。

②学齢期

学齢期になり，生活の範囲や関わる相手，人数の拡大がみられる時期になります。学校においては，教科の学習の他に給食や掃除等の学校生活場面，運動会や文化祭，校外学習等の学校行事が設定されています。

これらについては，生活の文脈に即したさまざまな学びの場面としても捉えることができます。活動の目的が分かりやすい行事等については，意欲的に活動する姿も多々みられます。一方で，行動の切り替えに時間がかかったり，他者からの注目や承認を多く求めようとしてしまったり，状況の理解が不十分である時に，ふざける等の行動で回避するといった課題も指摘されます。場面や相手に応じた社会性を実際の場面を通して各学齢期段階でじっくり学べる時期といえるでしょう。

③青年期・成人期

学校を卒業し，社会での活動が中心になる時期では，日中過ごす環境や人間関係に変化が生じます。特に卒業したばかりの時には，戸惑いも多いかもしれません。そのような変化を徐々に受け入れ，慣れ，適応していくことを本人のペースに合わせて，支援していくことが求められます。

社会での就労や活動では，年齢相応の行動や対応を求められることがあります。障害の状態と照らしてギャップが生じると，ストレスがかかり，不適応症状がみられたりします。また，時間の経過とともに，同じ活動の繰り返しは，場合によって刺激の少なさにつながります。仕事と余暇のバランス等を考慮し，メリハリのある生活を送るといったことも，社会性を維持，向上させるためには必要な視点であると考えます。

2. キャリア

(1) キャリアとは

中央教育審議会（2011）によると，キャリア教育は，「一人一人の社会的・職業的自立に向け，必要な基盤となる能力や態度を育てることを通して，キャリア発達を促す教育」とされています。ここでの「キャリア発達」とは，「社会の中で自分の役割を果たしながら自分らしい生き方を実現していく過程」のことであり，キャリア教育は，高校生段階のみならず，小学生段階からさまざまな教育活動を通して，児童生徒の「生き方」について発達的に働きかける教育的行為といえます。

キャリア教育では，発達の段階を踏まえながら，他者や社会との関わりの中で体験的な学習活動も大切になります。多くの特別支援学校では，高等部になると企業や福祉事業所等での現場実習が行われます。その中で，自己と社会の両方について多様な気づきと学びが得られると考えられます。

これらの学習をていねいに意味づけながら，本人が「自分がどのように生きたいか」「どのような生活を送りたいのか」「どんな仕事をしたいのか」といった将来に対する本人の夢や希望をもてるように支援したいものです。その中で，できるだけ本人が選択し，決定していくというプロセスが重要です。

(2) 就労

特別支援学校（知的障害）を卒業した生徒は，約6割が社会福祉施設等を利用しています。企業等に就職する卒業生の割合は約35%ですが（文部科学省，2021），キャリア教育や職業教育の充実により，近年増加しています。また，小西（2016）の調査によると，ダウン症者の就労形態は，企業等就労が20.3%，就労系福祉事業所に通所する割合は54.3%となっています（表4-1）。

表4-1　ダウン症者の現在または直近の就労における就労形態（n=510）

就労形態	%
企業等就労	20.3%
就労系福祉事業所通所	54.3%
生活介護事業所通所	21.2%
そのほか	5.1%

※複数回答のため合計は100%にならない。
（小西，2016をもとに筆者が作成）

令和3年には障害者の法定雇用率が2.3%（民間企業）に引き上げられました。企業の障害者雇用への理解が進み，雇用される知的障害者も増加しています。一方で，職場への定着と安定した職業生活の継続への取り組みが今後の課題になります。安定した職業生活のためには，本人の努力だけではなく，本人や企業等を支える関係機関の支援が重要になってきます。職場定着については，図4-1のように，支援機関による定着支援がある場合，定着率がより高いことが明らかになっています。就労を支える障害者就業・生活支援センターや障害者職業センター，就労移行支援事業所等の関係機関が連携し合いながら，企業で働く障害者を支えていくことが，安定した職業生活に必要だといえるでしょう。

また，ダウン症の方の中には，就職時は就労意欲も高く，職場の人との関係も良好なのですが，年を経るにつれ，仕事内容の変化が少なかったり，人間関係が変化してしまうことにより，モチベーションが低下したり，ストレスを抱えることがあります。本人が職場の人や家族，支援者に伝えることも大切ですが，周囲が本人の変化に気づき，サポートをしていくことで，状況の改善や，

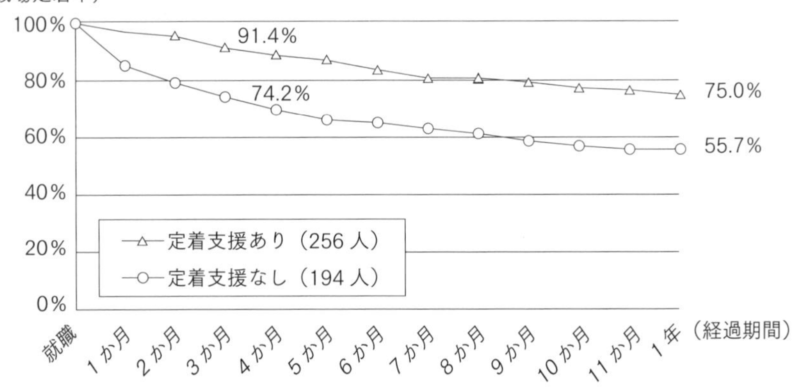

図 4-1　知的障害者の支援機関の定着支援の有無と職場定着率の推移
（(独) 高齢・障害・求職者雇用支援機構 障害者職業総合センター，2017）

職場での適切な対応につながることが考えられます。

3. 余暇

(1) 余暇の実態

ダウン症の方の余暇活動を見てみると，実に多様な活動に取り組んでいます。音楽鑑賞や楽器演奏，カラオケ，書道，手芸，絵画等の文化・芸術活動，ダンスや水泳，サッカー，ジョギング，ボウリング，卓球等の運動・スポーツ活動に意欲的に参加している様子を目にします。また，買い物，映画鑑賞，旅行等の外出を伴う余暇活動，自宅での読書や音楽鑑賞等も余暇活動として大切な時間になると思います。

余暇活動の内容や場所はさまざまですが，自分の意志で，自由に使える時間としての余暇活動は，QOL の向上に欠かせないものといえるでしょう。

(2) 余暇の課題

栗林ら (2018) は特別支援学校を卒業した知的障害者の保護者を対象とした

調査において，本人の外出の相手について「家族」が最も多いこと，また余暇の困難内容として，「活動のレパートリーが少ない」「一緒に過ごす相手が少ない」といった回答が多くみられたことを明らかにしています。余暇を一緒に過ごす人として，ガイドヘルパーを利用した余暇活動もみられますが，学校時代の友だちや職場の同僚等との余暇活動を希望する人もいるでしょう。「何をするか」も大切ですが，「誰と過ごすか」も大切な視点となります。学校や職場，放課後等デイサービス等で，他者と過ごす楽しさや関わり方を学びながら，人間関係を築いていく力を身につけることも大切な視点になります。

活動のレパートリーについては，社会資源の課題も挙げられます。スポーツ庁においては，障害者スポーツの関心を高め，その裾野を広げていくための取り組みとして，スポーツ活動の拠点作りやコーディネーターの配置等を行っています。また，厚生労働省においては，2017年度から，地域の障害のある人の芸術文化活動の支援拠点となる「障害者芸術文化活動支援センター」を整備する事業を展開し始めました。これらを通しながら，本人に合った余暇活動の充実が期待されますが，一方で，本人や家族が余暇活動の情報を得ることのできる機関やシステムの整備が求められます。

(3) 本人の選択と余暇支援

充実した余暇を過ごすためには，自分で選び，自分で決めて参加するといったプロセスが重要であると考えます。そのためには学齢期から，興味関心の幅を広げたり，好きなことを見つけること，自分で選ぶ経験を重ねること，他者との関わり方を学んでいくこと等が重要な要素になってきます。

近年，特別支援学校においての部活動が整備されつつあります。この活動も1つの余暇支援といえるでしょう。特別支援学校高等部において運動部またはスポーツを主体としたクラブ活動を実施している学校は93.3%に上ります(全国特別支援学校長会，2021)。また，同窓会が設置されている特別支援学校は75.6%（全国特別支援学校長会，2020)あり，そこでは総会等に加え，レジャー活動等も展開されているようです。

保護者や支援者の関わり方も大切な視点です。一緒に活動を楽しむ仲間として，あるいは，本人がじっくり取り組むことを見守るといったスタンス等，活動の目的や内容，本人の様子に応じて距離を考えていくことも大切ですね。

本人にとって，ストレスから解放され，気持ちをリフレッシュして，日々の生活のうるおいとなる余暇活動の意味を周囲が理解し，支えるといった視点の広がりが期待されます。

［文　献］

中央教育審議会（2011）．今後の学校におけるキャリア教育・職業教育の在り方について（答申）

独立行政法人高齢・障害・求職者雇用支援機構 障害者職業総合センター（2017）．障害者の就業状況等に関する調査研究．調査研究報告書，137.

菅野 敦・玉井邦夫・橋本創一・小島道生（編）（2013）．ダウン症ハンドブック 改訂版 ―― 家庭や学校・施設で取り組む療育・教育・支援プログラム．日本文化科学社

小西郁生（2016）．出生前診断における遺伝カウンセリングの実施体制及び支援体制のあり方に関する研究：平成27年度研究報告書：平成27年度厚生労働科学研究費補助金（健やか次世代育成総合研究事業）

栗林睦美・野﨑美保・和田充紀（2018）．特別支援学校卒業後における知的障害者の就労・生活・余暇に関する現状と課題 ―― 保護者を対象とした質問紙調査から．富山大学人間発達科学部紀要，*12*(2)，135-149.

文部科学省（2021）．特別支援教育資料（令和2年度）

岡崎裕子（1991）．ダウン症乳幼児の社会性の発達：自己・他者認知を中心に．特殊教育学研究，*29*(3)，55-59.

鈴木弘充・小林知恵・池田由紀江・菅野 敦・橋本創一・細川かおり（1997）．新版S-M社会生活能力検査によるダウン症児の発達特徴．心身障害学研究，*21*, 139-147．筑波大学心身障害学系

全国特別支援学校長会（2020）．令和2年度全国調査結果．全国特別支援学校長会研究集録．https://zentokucho.jp/files/zentokucyo20/R2cyousa-4.pdf

全国特別支援学校長会（2021）．令和3年度全国調査結果．全国特別支援学校長会研究集録．https://zentokucho.jp/files/zentokucyo20/R3-7sports.pdf

5章

インクルーシブ保育・教育における社会性とキャリア・余暇の支援（合理的配慮）

細川かおり

1. インクルーシブ保育・教育における合理的配慮

(1) 障害者権利条約と合理的配慮

障害者の権利に関する条約（障害者権利条約；外務省，2014）は，2014年1月20日に批准されました。障害を「社会モデル」で捉えていること，また「私たちのことを，私たち抜きに決めないで」という考え方が反映されています。すべての障害者の人権，基本的自由の享有，固有の尊厳の尊重が謳われており，あらゆる差別を禁止し，合理的配慮がなされるとされています。バリアをなくす，自立した地域での生活，教育，文化・スポーツ，国際協力等その内容は多岐にわたっています。

文部科学省は障害のある子どもに対する支援として，合理的配慮の基礎となる「基礎的環境整備」を行っており，それには施設，環境の整備，交流および共同学習の推進等があります。この上に，各学校において「合理的配慮」を提供することになります。合理的配慮は個別のもので1人1人違いますが，体制や財政面等の過度の負担を課さないものとなります。1人1人の障害の状態や教育的ニーズに応じて，保護者や本人の要望から学校との話し合いにより合意し決定していきます。

(2) 保育・教育における合理的配慮

さて，保育や教育の場における合理的配慮ですが，ダウン症の子どもが保育や教育を受けて学んでいく園や学校の環境は，そもそも障害のある子どもたちに合わせた環境が用意されており，そうした環境作りが当初から目指されていることも多くあります。トイレに誰もが分かりやすいマークが付いたり，段差がない等のバリアフリーの環境になっていたりします。また，特別支援学校の教室や授業であれば，子どもたちの理解を促したり学習を進めるために，教育上の配慮が多くなされています。たとえば日課表１つとっても，文字と絵の両方が入ったものになっていますし，文字を書く場合でも，マス目の大きさやその有無，罫線の幅，なぞり線の有無等１人１人に合わせた用紙になっています。学習の進み具合に合わせてマス目ではなく罫線の用紙に変えることもあるでしょう。したがって知的障害を教育する場においては，どこから合理的配慮かが分けにくいところもあります。まずは，子どもが楽しく園や学校に通い学んでいるかを見ながら，考えていくのがよいでしょう。

また，合理的配慮も含めて障害者権利条約は，共に社会で生きていくためのものです。互いを尊重し合って共に生きていくインクルーシブ社会の形成とそのための学校教育こそ求められます。

2. インクルーシブ保育・教育とダウン症の社会性

(1) インクルーシブ保育・教育

インクルーシブ保育・教育とは多様性を含み込む保育・教育です。共生社会とは，多様な個性をもった人が相互に尊重されながら共に暮らす社会であり，共生社会形成に向けて保育・教育においても多様性を尊重する保育・教育が行われることが望まれます。

インクルーシブとは明確な形があるというより，むしろ多様な子どもたちが共に学ぶ教室を作っていく過程といえます。通常学級の中にも多様な個性をもった子どもが在籍しています。特別支援学校においても多様な個性をもった子どもが在籍しています。学級の子ども同士が互いを尊重できる学級，そして共に学び，子どもが学びに満足する学級を作っていくことが必要でしょう。

(2) ダウン症の子どもの社会性と保育・教育

ダウン症の子どもは言語能力の制限や包括的社会認知能力に弱みがある一方，社会志向性が高いとする研究があります（Guralnick et al., 2011）。経験的にもダウン症児者は人が好きで，人に対する志向性が高いという印象をもちます。人の気持ちに敏感であるともいわれています。こうした強みは生かしたいものです。

社会性は人と関わる中で育っていきます。乳幼児であればおとなと物を共有し，やりとすることや，特定のおとなと愛着を形成することが課題です。これらをもとに3歳以降は仲間と関わる経験をすることになります。自分と同じくらいの年齢の友だちと関わることによって，楽しさを味わうとともに，要求がぶつかる葛藤の経験もできます。けんかも子どもには必要な経験です。学齢期には学校で仲の良い友だちができたりし，友だちとの関係を深める経験も大切です。仲間はああなりたいという憧れでもあり，また仲間が困っているとその様子を察し，共感し，助けようとしたりします。高等部生徒が相手の困っている状況や理解や気持ちに合わせて上手に教える事例も報告されています（岸本・細川，2021）。学校での多様な仲間関係はまた，子どもにさまざまな感情を生じさせ，さまざまな感情を経験する中から感情を調整していく力を養うこともできます。

自尊心を促進させることも大切です。自尊心とは「自分に対する誇りと敬意を抱かせるようにすること」（Mcguire & Chicoine, 2006）です。その1つとして，自分の強みに目を向けながら，自分にはこれができるという考えに変えていく経験，家庭では，「ほどよい子育」て（必要な時は助言を与えるが，子どもが対処できる程度の挫折や失敗の経験もする）がよいとされています。

3. インクルーシブ保育・教育におけるキャリア・余暇の支援

(1) 余暇

学校卒業後、地域で豊かな生活を送るには，休日等の余暇をどう過ごすかが大切であり，余暇の充実がQOLに影響を与えるともいわれています（中村・細谷，2021)。一方で，特別支援学校の卒業生の余暇に関する調査では，休日のおもな過ごし方としてテレビやゲーム，パソコンの使用が多く，家族と一緒に過ごすことが多いことも報告されています。テレビやゲーム，パソコンもよいのですが，生活が単調にならないよう，休日の過ごし方のレパートリーは広げることが望ましいでしょう。卒業生を対象とした青年学級等の活動，スポーツ施設や図書館，地域のクラブ等の地域資源の利用や習い事，ガイドヘルパー等地域のサービスを使って家族以外の人と外出する等もあります。

余暇の充実には，学齢期からいろいろな体験をして興味，関心を広げておくこと，休日に家族で一緒に余暇につながる活動をする，子どもが好きなことには地域のクラブや習い事等としてチャレンジしてみるのもよいでしょう。ダウン症の子どもは音楽やダンスが好きな子どもが多く，地域のサークルでダンスを続けているといった例もあります。学校では，余暇のための基礎的な力として交通機関の利用，コミュニケーションや人との関わり，マナー等を学習するとともに，余暇についての学習や情報提供も必要でしょう。

(2) キャリア教育

キャリア教育は，1999年の中央教育審議会答申から始まります。ここではキャリア教育を「望ましい職業観・労働観及び職業に対する知識や技能を身につけさせるとともに，自己の個性を理解し，主体的に進路を選択する能力・態度を育てる教育」とし，小学校段階から発達段階に応じて実施する必要があるとされました。この背景には，ニート等の社会現象，情報化，グローバル化，少子高齢化，消費社会等の社会の変化を背景にして，学校から社会への移行をめぐる課題と子どもたちの生活・意識の変容を課題が挙げられ，生きる力の育成を踏まえキャリア教育の推進が提唱され，「職業観・勤労観」を育む学習プログラムの枠組み（国立教育政策研究所生徒指導研究センター，2002）が提案されました。これを踏まえながら知的障害者の特性を考慮し，知的障害のある児童生徒の「キャリアプランニング・マトリックス（試案）」が提案されました（特別支援教育総合研究所，2009）。これは「人間関係形成能力」「情報活用能力」「将来設計能力」「意志決定の能力」の4領域からなり，これをもとに，各教育委員会や各学校においてキャリア教育が考えられてきました。

ここで知的障害教育とキャリア教育の関係を考えてみましょう。知的障害教育では，そもそも社会参加と自立が教育の目標となっており，学校の教育課程の中では，職業教育，自立への教育に取り組まれてきています。また，働く力といっても職業のスキルだけではなく，取り組む態度や働く喜び等広範囲の力が求められます。米田（2015）は「児童生徒が，学校生活を中心として，家庭生活や地域生活の諸場面で経験できる様々な役割を果たすことを通して，自分の存在価値を経験的に理解し，その存在価値を発達的に高めていくことができるようにする教育的行為が，キャリア教育である」とし，「児童生徒の今できること，今だからしなければならないことを大切に考える働きかけ」が求められるとしています。

卒業後の働く生活は，日々の学校や家庭での生活のていねいな積み重ねとその年齢ごとに期待される役割を果たす経験をすることを通して，スキル等の力をつけるだけではなく，自分の存在価値があることを経験的に理解し，自尊感情を育て，自信をもてていることが大切といえましょう。さらにキャリア教育では働く力を狭く捉えるのではなく，夢をもつ力，楽しむ力等を位置づけたものもあります。近年は生涯にわたって学ぶ力が求められており，キャリア教育はより豊かに生きていくための力を育成するものとも考えられるのではないでしょうか。

［文　献］

外務省（2014）．障害者権利条約．https://www.mofa.go.jp/mofaj/files/000069541.pdf

Guralnick, M. J., Connor, R. T., & Johnson, L. C. (2011). Peer-related social competence of young children with Down syndrome. *American Journal on Intellectual and Developmental Disabilities*, *116*, 48-64.

岸本悠希・細川かおり（2021）．知的障害児における教示行為の様相 ―― メタ・コミュニケーションに着目して．日本特殊教育学会第50回大会発表論文集

国立教育政策研究所生徒指導研究センター（2002）．児童生徒の職業観・勤労観を育む教育の推進について（調査研究報告書）．https://www.nier.go.jp/shido/centerhp/sinro/1hobun.pdf

Mcguire, D. & Chicoine, B. (2006). *Mental Wellness in Adults with Down Syndrome: A Guide to Emotional Behavioral Strengths and Challenges.*（マクガイア，D.（著），長谷川知子（監訳）（2013）．ダウン症のある成人に役立つメンタルヘルス・ハンドブック．遠見書房．https://www.mext.go.jp/b_menu/shingi/chukyo/chukyo3/siryo/attach/1325887.htm

中村龍平・細谷一博（2021）．障害者を対象とした余暇学習（活動）に関する文献レビュー．北海道教育大学紀要教育科学編，*71*(2)，55-67.

特殊支援教育総合研究所（2009）．知的障害教育におけるキャリア教育の在り方に関する研究―「キャリア発達段階・内容表（試案）」に基づく実践モデルの構築を目指して．https://www.nise.go.jp/blog/2009/05/post_224.html

米田宏樹（2015）．今日的な課題への対応 ―― その②知的障害教育とキャリア教育．太田俊己・藤原義博（編著），知的障害教育総論，183-205．放送大学教育振興会

6章

社会性とキャリア・余暇を育てる家族のあり方・接し方

西郷俊介

1. 大切にしたい７つのポイント

社会性の育ちは，乳幼児期に始まり老年期までつながっていくもの，つまり生涯にわたって育まれるものであると考えます。家族はどのような心持ちでダウン症のある本人に寄り添っていけばよいか，またどのような距離感が適切かといった視点から整理したいと思います。

(1) 家庭での日課を一定に保つこと

社会性を育むためには，まず本人が心身ともに健康であり，また安心感のもと生活を送れることが大切です。そのために，本人の日課を一定に保つことは有効であると考えます。もちろん，本人のこだわりを強化してしまうほど家族の方が日課や本人の動きにこだわり過ぎるのは気をつけた方がよいと思いますが，ある程度一定に保たれた日課があることで本人は見通し立った生活を送りながら自身に合った生活リズムを作ることができるでしょう。また，規則正しい生活リズムがあることは，本人の心身の不調に気づくことができるバロメーターになることも考えられます。安心感のもと生活を送るという点では，乳幼

児期であれば家族が避難場所や安全基地になること，そして集団に交わる本人の背中を後押しし，温かく見守ることが重要です。お母さんがその家族の大切な役目を一身に背負ってしまう場合も多いでしょう。しかし，できるだけ両親，可能であれば祖父母も含め，愛くるしい本人とたくさん関わりをもっていただきたいです。それにより，本人はたくさんの人に愛されていることを感じることができ，「自分は大切にされている」「自分は認められている」「自分の居場所はここにある」「自分はここにいていい存在だ」等、自尊感情を高める機会を多くもつことができるからです。それが，将来にわたって社会性を育むための土台となるでしょう。

(2) 良い習慣（学習・習い事・旅行等）を続けること

学習・習い事・旅行等の体験は社会性を育むことに役立つでしょう。コロナ禍において，人が対面により何かを行うことについてなかなか難しい状況もありますが，たとえば野外でキャンプ等の体験をするのもよいでしょう。それらは，本人にとって家族以外の友だちと関わったり，生活の幅を広げたりする貴重な場面になります。多くの同世代の子どもたちと関わるということは，本人にとって社会性を育むよい機会となる反面，家族にとっては，もしかしたらきつい思いをする場面となることも考えられます。具体的に言うと，家族が本人を周りの子どもたちとの体格面や能力面で比較してしまい「もっと頑張ってほしい」「もっと伸びてほしい」という思いに駆られることがあるかもしれないということです。ともすると，焦りからスパルタ式の早期療育に走ってしまう，といったこともあるかもしれません。そんな時こそ，家族で一度立ち止まって，本人の今の姿をしっかり見てほしいと思います。乳幼児期や学齢期よりも，青年期，成人期と，その後の人生

の方がずっと長いのです。目の前の「他の人よりできた」をがむしゃらに頑張る（頑張らせる）よりも，その後の長い人生を見据えた「本人の，できた！」に目を向けること，その１つ１つを家族が本人と一緒にかみしめていくことの方がずっと大切なことです。年齢相応の育ちの中で，本人がゆっくりじっくりと自分自身と向き合える力を身につけていくことが，長い目で見ると大事なことでしょう。

（3）年齢に応じた接し方をすること

年齢に応じた接し方とは「子ども扱いしない」「べたべたしない」「支配的に命令しない」といったことです。もちろん，小さな頃はたっぷり愛情を注ぎ，たっぷりスキンシップをすることが必要でしょう。その後，本人の成長とともに，家族の関わり方も少しずつ変化していくことが大切だということです。たとえば，小さい頃は周りの人に甘えると「可愛いね」といってほめてもらえていたのに，社会に出る歳頃，急に周りの人たちから「あなたは，もうおとななんだから」と言われ出したとします。本人にしてみれば，ずっと同じ行動をしているだけで何も変わっていないのですが，ある日から急に周りの捉え方が変わってしまうというものです。これでは，本人が「なぜ？」「どうして？」といった思いになるのは当然なことでしょう。もしかしたら，本人の混乱や心理的なストレスにつながってしまうこともあるかもしれません。本人が，年齢相応の人との関わり方ができ，社会に出た際に対人関係において困ることがないように，家族としても接し方（名前の呼び方，話しことば，距離の取り方等）に気をつけておくことが大切でしょう。

（4）家族の中で役割をもたせること

本人を取り巻く家族の状況は少しずつ変化していくものです。たとえば，祖父母の介護や死，きょうだいの結婚や転居もしくは別居，ペットの死等……。そのような家庭環境の変化は，特に本人が学校から社会に出る節目である10代後半から20代くらいの時期に起こる可能性が大きく，場合によっては家族が本人とゆっくり関わる時間がとれなくなっていくことも想定されます。そのような中でも，本人が周りの人から客観的な評価を受けることができ，自分も家族の一員として役に立っていることを感じることができるような役割をもつことが大切でしょう。

(5) 環境の変化が生じる際は，関わりの中に本人をきちんと参加させること

家庭環境の変化の中，本人も「1人暮らししたい」「結婚したい」といったおとなとしての思いを膨らませる時期がやってくることと思います。家族にとってはうれしくもあり悩ましくもある時期でしょう。そんな時，ふと思うのです。子どもの頃は家族から「頑張って!」「やった，できたね!」といろいろなことを応援し励まされてきた本人。次第に「それはあなたには無理だからできなくても大丈夫よ」と，家族の関わり方が変化してしまっていることがないでしょうか。大切にしたいことは，何らかの家族の変化が生じた際，その関わりの中に本人を家族の一員としてきちんと参加させるということです。「この子には理解が難しいから」と本人を置き去りにしないということです。ダウン症の方は大まかな情報や雰囲気を察するのが得意な方が多いです。細かな内容を理解することが難しかったとしても，自分の周りがいつの間にか何か変わっていくことを敏感に察知します。本人にとってさまざまな環境変化に対応する力を育む大切な機会を周りの者が奪ってしまうことがないようにしたいものです。

(6) 1人の時間や場（趣味，リラックス等のため）を作ること

本人が家から1歩外に出れば，家族以外の誰かと役割を分担しながら過ごすことになります。10数年前，ダウン症の子をもつお母さんに「学校まではある程度守られている環境であったものが，社会に出ると母子共々大海原に投げ

出されたような思い……」と言われたことを思い出しますが，就職や通所を始める時期になると，本人はより高度な対人関係の世界に入っていくものです。職場において，作業活動の時間はすることが明確ですが，役割の変化に弱い面をもっていることが多いダウン症のある人たちにとっては逆に休憩時間に誰とどのように過ごしたらよいか分からず困ってしまうこともあるでしょう。そのような世界の中で頑張って過ごした後，自身の安全基地である家に戻ってきた際には，疲れをとってリラックスできたり好きな趣味に没頭できたりする１人の時間や場を作ることが大切です。ただし，家族は「本人が１人でいたい時間」と「周りの都合で本人を１人にしている時間」を混同しないように注意が必要です。

（7）家族以外の第三者（友だち，同世代の人，施設職員・ヘルパー等）との関わりを大切にすること

先にも書きましたが，祖父母の死，きょうだいの結婚や転居もしくは別居，ペットの死等家族に大きな変化が生じる際は，まずもって家族自身が大きな影響（ストレス）を受けるものです。その際，本人と家族との距離が近いほど，本人も大きな影響（ストレス）を受けることになることでしょう。逆にいえば，本人と家族がほどよい距離感をとれていると，本人への影響（ストレス）が緩和されることになります。適切な距離感で過ごすという話題の中では「子離れ」ということばをよく耳にしますが，私は正直なところ，親は子離れできないものだと思っています。親が子離れできなくても，子が成長とともに「親離

れ」し，親は泣く泣く子離れ離れせざるをえないというのが現実ではないでしょうか。では，子が親離れできないとしたらこの関係はどうなるのでしょう。親は「自分がいなければ」と思い，子と離れられなくなってしまうでしょう。子はもしかしたら，そんな親の心情を察し「一緒にいてあげなければ」と思い，親と離れられなくなってしまうかもしれません。子と親の適切な距離感のためには，本人や家族が信頼できる第三者との出会いがとても大切なのです。たとえば，親とは違う形で自分と関わってくれるヘルパーや，自分と同世代同レベルで関わることができる仲間の存在があること。その先に，第三者による「子の親離れ（支援）」と，親が泣く泣く「子離れ」しなければならない日が待っているのだと思います。

2. 集団参加スキル

近年，若年成人期において，日常生活や就労等さまざまな社会的場面で適応状況がうまくない者が少なくありません。ダウン症のある人においても「獲得しているスキルの制限」と「障害による支援ニーズ」の両面の影響により適応がうまくいかないことがあるかもしれません。不適応は，学校であれば「学習の遅れ，不登校，行動上の問題」，職場であれば「無気力，引きこもり，無職（ニート）の問題」，家庭であれば「離婚，家庭内暴力（DV），児童虐待の問題」等につながることが考えられます。

ダウン症のある人の集団参加スキルは決して高いものとはいえず，適切な発達支援が必要です。集団参加をサポートするにあたっては「対人関係面（話しことば）」「行動情緒面（多動性・衝動性）」「生活面（こだわり）（感覚の過敏さ）」といった側面への適切なアプローチを検討することが大切です。以下に具体的な支援目標例（表 6-1）を示します。

表 6-1　各ニーズ側面への支援目標例

ニーズ側面	支援目標
対人関係面 （話し言葉）	話すことが苦痛とならないようにゆっくり落ち着いて話せる環境を作る 模倣させ，練習を重ねて適切な場面で言えるようにする 自分で話せなくても，信頼できる人に代弁してもらいながら人の前に立つ機会を設ける
行動情緒面 （多動性／衝動性）	本人に分かりやすく具体的な約束をし，落ち着いて活動に取り組める時間や待つことのできる時間を徐々に伸ばす 場面転換をして気持ちを切り替える
生活面 （こだわり） （感覚の過敏さ）	本人が安心できる人や物と一緒に集団参加できるようにする 予定を前もって知らせ，心の準備をさせ集団参加できるようにする

（西郷他，2018）

最後に、ダウン症のある人においては「行動情緒面での内向きの特徴や過剰適応（笑顔の多い者でも実はストレスに弱く新奇場面や不得意な活動に対して消極さを示す，時間や物や人に対してこだわりがみられ場面の切り替えがうまくいかない，まじめで頑張り屋の反面自分の力以上に取り組んでしまう等）」「加齢に伴う変化（退行等）」に配慮するとともに，適応スキル到達年齢と相反する支援ニーズについても考慮することが必要です。つまり，1人1人の状態を「適応スキルの発達評価（発達支援の視点）」と「特別な支援ニーズの把握（障害軽減の視点）」の両面からアセスメントし，本人の強みを活かしながら、支援の必要な側面を見極め適切にサポートすることが大切です。

［文　献］

橋本創一・熊谷 亮・大伴 潔・林 安紀子・菅野 敦（編著）（2014）．特別支援教育・教育相談・障害者支援のために　ＡＳＩＳＴ学校適応スキルプロフィール ―― 適応スキル・支援ニーズのアセスメントと支援目標の立案．福村出版

菅野 敦・玉井邦夫・橋本創一・小島道生（編）（2013）．ダウン症ハンドブック改訂版 ―― 家庭や学校・施設で取り組む療育・教育・支援プログラム．日本文化科

学社
西郷俊介・橋本創一・桝 千晶・熊谷 亮・中西晴之・脇田一隆・丸山徳晃・春日井宏彰・前川 涼（2018）．障害福祉サービスにおけるダウン症者の集団参加スキルと支援ニーズ —— ASIST適応スキルプロフィール-IDver.を用いた調査．東京学芸大学教育実践研究支援センター紀要，*14*，25-28.
玉井邦夫（2015）．本当はあまり知られていないダウン症のはなし —— ダウン症は「わかって」いない．LD協会・知識の森シリーズ2．神奈川LD協会

7章

子育ての体験から「ダウン症のある息子の子育てと出生前検査」

水戸川真由美

ダウン症のある息子を育ててきて辛かったことやうれしかったことを聞かせてくださいと言われて，はて，何が語れるかと頭を抱えました。息子と暮らしてまだ24年，（うれしいことも多いですが，どちらかというと）度々ある辛いことや後悔すること等，あの時こうしておけばよかった，あのようにしておけばよかったと，振り返る日々でもあります。先を行かないとなかなか気づけないこともあるので固まってしまうことはあります。しかし，言語はなくても，頭をぺこりと下げながら挨拶は必ずする等，数字の０～９を覚えたり，名前は書けたりします。挨拶をされることは，誰でも嫌な気分にはならないと思います。０～９の数字を覚えることは，交通機関（バス）の乗り換えの役に立っています。息子にとって，81は「はちじゅういち」ではなく「はち」と「いち」が並んでいることで，数字を確認して系統のバスに乗っています。そして名前を書けるようになるということは，パスポートの署名を自らしていることになります。先日は書き換えをした後，受付の人にドヤ顔をしていました。私はすぐ記録することができない性格なので，これ以上細かく覚えてはいませんが，記憶に残ることを書いていきます。

いや，楽しいこと，あるじゃない，あるじゃない，２度もハワイに行きました。それはダンススクールのツアーの付き添いと称して。そしてダンススクールで知り合った，ママ友とも結成した親子ダンスユニットもしました。小さなことだけど，曲の構成も考えたり，衣装を考えたりすることは，息子との関わりから生まれた楽しいことでもあります。老体にムチ打ちいつまで続けられるだろうか。だけど，結構楽しいです。

1. よく受ける質問

出生前検査で「ダウン症かもしれない……だったらどうしよう……」と悩まれている方と接したり話したりする機会が多いですが，このような質問を受けたことがあります。

「もし，水戸川さんが息子さんを妊娠したときに，この検査でダウン症かもしれない，ダウン症ですと言われたら，どう判断していますか？」

そして，「ダウン症であることはいいんです，症状が重くなければ」ともよく耳にします。

重いとはどんなことをいうのかも聞いてみますと，寝たきりになってる人，お話しができない人，歩けない人，1人でお風呂に入れない人，イメージはさまざまだと感じます。勉学と生活する，これは必ず比例するものではないかとも話します。

そこで，例として息子の話をします。

息子のこと

息子が生まれたのは個人のクリニックで，妊娠中は何の検診にも引っかかることがなく自然分娩で生まれました。体重も3800gと大きめで，母子共に退院をしました。

息子は知能指数（IQ）は23で（IQ20～34はおおむね社会生活に個別の援助が必要，単純な会話はできる，ことばでの指示を理解し，2語程度の短いことばで表現することができる，読み書き計算は苦手，等と一般的に評価されています），81は「はちじゅういち」ではなく「はち」と「いち」が並んでいることを見て，バスを乗り換え，通学をしていました。もちろん，最初は，一緒に数度行くが，後は慣れるまで，写真を撮り，それを見ながら通ったこと等話します。

そうすると，たいがいの人は驚きます。そして，同様に多いのは，「小さいうちはいいんです，おとなになったら，何もできない，自立もできなかったらどうしよう，親は先に死にます」という話をされます。その人にとっての自立の意味，物差しはそれぞれであると考えます。

療育があり，日々の生活の大切さ，そしてすべてを自分でやってしまおうと思わないことが大事であるといった話をしていきます。こうしたことは，妊娠の継続をしてほしいから話していることでもなく，事実のありのままの話をしていることです。特に反対も賛成もそこにはないわけです。

長女のこと

息子には，37 歳になる脳性麻痺の長姉がいます。現在は地域の施設に入所しています。障害のある子を育てる母となったキャリアは実は長いのです。長女の療育を受けるところでお父さんの参加はほとんどなかったです。もちろん通常の保育園への送迎なんていうのにも参加はしていなかった，抱っこ紐をしているパパはほとんど見かけなかった時代でした。長女を迎えた時の衝撃が大きすぎて，思い描いていた子育ては見事に崩れ，仕事もできない，外食もできない，自分の時間ももてない，美容室にも行けない，おしゃれもできない，そんな思いと現実に押しつぶされた時があって，なかなか立ち直れなく，逃げてきた時期でした。当時はさまざまな療育機関の職員の支えもあり，次の子をもうけようと思えるようになって次女を授かるには7年もかかってしまいました。

次女のこと

次女はいわゆる健常といえる子で，その出産には周りのみんなも安堵しました。もちろん検査も積極的にある時代でもなく，事前に検査をしたわけではなかったです。すべてが順調で，体の機能が進み，発達にも遅れはない，首も据わり，お座りもでき，歩く，走る，しゃべる，コップで飲む，何のリハビリも療育も必要のない，いわゆる，身体・知的には何の支障もない子でした。時とともにどんどん発達をする，通常年齢で当たり前のようにできてしまうことを見て，天才なのではないかとも思いました。放っておいたら１人でできるもん！　という状態に，甘えていたのは大きな間違いでした。身体の不自由な長女を抱きかかえていた時に，次女が転んでも「自分で起きなさい」としか言えず，彼女は泣き止み，健気に立ち上がりました。手がかからないし，１人でさらりとできてしまうことに，すごいと思うだけで，次女の頑張っている気持ちに寄り添えることができなかったです。

この次女と私との関わりを振り返った時，良い時間を過ごすことができなかったと思います。向ける気持ち，親に対しての信頼ができることや「お母さんは私を守ってくれる」という安心感，ハグといった身体的抱擁，何かが足りなかったのではないかと思ったりもします。今思えば，きょうだい，それぞれに向けて大切にしなくてはならないことがあったはずでした。きょうだいに，かわいそうな思いをさせてしまわないだろうか？　それも常に考えることでもあります。それは障害のある，きょうだいがいるから，でもないかもしれないです。

2. 障害があってもなくても

ダウン症であっても，どんな障害があっても，障害がなくても，障害のある子どもを育ててはじめて気づくことがありました。ダウン症の息子，きょうだいである 37 歳の脳性麻痺の長女，次女がいることで，子育ての根本を気づかされました。

心を育むことは，健康であったり，そうではなかったりすることは関係ないことだと思います。お腹の中の赤ちゃんとの関わり方，生まれてすぐの新生児との関わり方，言語を用いて親に話しかけることができない新生児とどのように接しますか。たとえば，おむつを替えるとき，無言で淡々と取り替えるよりも，「おむつ替えるよ～」と語りかけながらすることは，コミュニケーションをとる方法の1つとして考えるのであれば，それはダウン症であってもなくても，変わらず行うのではないかと思います。子どもは子どもなりに人を感じ，成長もしていっているといった話をします。

次女は思春期の時に，ためていたことが不登校という形で爆発しました。きょうだい児のいる方に恐怖心を覚えさせてしまうために赤裸々に書いているわけではなく，障害のある子のきょうだいとしての扱いの前に，「ありのままの私」として見てほしいのかもしれないです。子どもからの信号をどうキャッチするかは対話を重ねることにあるのかもしれません。おそらく気づきの場面はあったはずなのに，私は随分時間がかかったように思います。そんな次女は今では1児の母になりました。

3. 社会の変化

息子が生まれた1998年は，母体血清マーカーについて検討されている時期でした。出産しても特に合併症などはみられなかったですが，ただ，何となく，長女の療育先でダウン症のある方とたくさん関わったことがあったためか，ダウン症があるのではないかと思いました。2人の障害のある子を育てることにはあまり悲観をすることはありませんでした。強いて言うなら，やはり次女のことは気になり，現実逃避を一晩だけでもしたかったです。無性に泣きたかったです。

これからの暮らしに不安がなかったわけではないですが，すでに障害のある子の子育てをしていた私の強みもそこにあったと思います。さらに長女の出産から14年が過ぎ，仕事もできるようになり，外食や美容院も行けるようになりました。背景には，「障害のある人は家族が面倒をみるもの」という考えから，「障害のある人の家族も休息が必要である」という認識が進み，ヘルパーさんの派遣等の福祉の進化があります。男女参画といった「女性も仕事をもつ」という風向きの変化の影響も，少なくなかったです。

それにしても，今の暮らしがイメージできていたかというとそうではなかったです。知的障害のある方々の就学や就労，そして私自身の仕事の関わり方や、ショートステイがあり，児童デイサービスがある，スマホやインタネーットというドラえもんのポケットから出てきたような未来ツールといったものは全然想像もつかなかったことでした。

4. 先輩ママの存在

先輩ママから聞いた「のんびりだけど，成長するのよ」ということが，「確かに，そうか，このことか」という場面に遭遇することが多くなってきました。自分の感情がことばにできるようになったのもほんの2年前，自分の誕生日に「お母さん」と言って差し出した紙に「ありとがう」と書いてありました。これには少々うるうるとしました。言語を習得しやすい環境づくりをすることで，コミュニケーションもとりやすくなってきたと感じます。この先のことは分からないし，きっとどんどん変わるだろうなとは言えるけど，それは確実なことではなくて，確実にするために，いろいろ交渉ごとはありますが，必ずしもうまくいくとは言えません。そんなことをもんもんと思っていた時，手にしたものがありました。「お腹の中で大事に温めた赤ちゃん。待っていたはずなのに，ダウン症と告知をされて天国から地獄へ突き落とされてしまった，そんな経験をしたママたち。大丈夫!」って今闇の中にいるママたちに希望と元気を伝えるための日本ダウン症協会の支部のお母さんたちが作成した，センスのいいフリーペーパーでした。

小さいうちはみんないいけど，大きくなってからのイメージができないから不安であることには，どう彼女たちは思っているのだろうかと考えながらあとがきに目を向けました。そうすると，

> 「ダウン症のある子を授かったママたち，この冊子に出てくるのは3～4歳の幼児たち。私たちは母歴も浅く，確かに遠い未来のことはわかりません。ですが，ただ1つ言えること。私たちの周りにいる先輩ママたち，

大人になったダウン症のあるお子さんがいる親御さんたち……めちゃくちゃ明るいです！ 元気です。私たち以上にパワフルで，優しくて，素敵な方々なのです。そんな先輩方をみていると，未来に不安を感じる必要はないんだなと安心します。子育ては大変だけれど，とっても楽しいです。健常児であっても，障がいを持っていてもそこはきっと変わりません。将来を楽しみに，これからも子育てを楽しんでください。」

と締めくくられていました。このことばを読んだ時は，非常にうれしくなりました。

5. 答えの代わりに

さてその息子，楽しそうに，仲間と遊び，ミュージカルのアニーが大好きで夢はJAL羽田空港で働くこと。いよいよこの春，B型多機能型事業所に進みます。どんな社会人になるのか，楽しみにしたいと思います。

目下母にできる取り組みは，息子に家事を積極的に好きになってもらうこと。時間を作って取り組みましょう！ 年を重ねて老いていくことへの課題もきっとあると思います。そうですよ，私という先輩ママがいるじゃないですか。幼い時の関わりが将来実を結ぶことは，どんな子育てにおいても変わらないことです。それが２人の障害児と時を過ごしてきた私に言えることです。その努力は惜しみなくすること。そんなメッセージになればいいと思います。

最後になりますが先述した質問です。

「もし，息子さんを妊娠したときに，この検査があったら，どう判断していますか?」

さて，どうでしょう？ 妊娠・出産といったことは不安なことがたくさんありますね。「無事に生まれてくるか」といった不安はいつもありました。

知ってしまったら不安に思うか，事前に準備ができるから，と思えるか。どうだったかなと思いますが，分からないです。 今の生活が絶望かどうかと聞かれたら，絶望な生活ではないので，家族の一員として，成人した息子を目の前にして，産んでいたかどうかのことはもしもであっても，言えないです。 息子の存在を否定したくないなと思っています。でもですね，生まれた時に，もしかしたら，ダウン症かもしれないと，直感して，どうしようもできないことで泣いたんです。でも，その時，彼の前では涙を見せたくなかった。失礼だと思い，出産した日はナースに預かってもらいました。

私が，この質問にどっちですか？ と聞かれても答えられないのが答えです。でも，もしその迷いの渦中にいる人が継続を選ばなくても，私は息子のことを否定されているとは思わないです。

8章

社会性とキャリア・余暇の育ちを把握するためのアセスメント票

橋本創一

1. アセスメント票の使い方

ダウン症のある子どもの「社会性とキャリア・余暇」の発達には個人差が大きく認められます。また，これまでの研究でいわれているのが，ダウン症のある子どもは社会性に優れていて，自己制御がうまく，集団参加が得意であるとされてきました。一方で，自分の思いや考えを適切に認識した上で，明確に自己主張ができずにいる姿も少なくありません。しかし，近年では，子どもに応じた短所・長所を踏まえた上で，個人に合った活動体験や自己理解・他者意識を促すヒント等を提供することで，さまざまな社会性やキャリア・余暇の領域が伸長することも分かってきています。興味・関心を育てながら，その子どもの社会性や個人の能力の発達状況に合った活動や経験を提供することがポイントであると考えます。

ダウン症のある子どもの社会性の発達は，標準的な社会性の発達と比較すると，おおむね，健康な子どもと同じ道筋をたどることが多いとされています。しかし，中にはその順序を飛び越して獲得したり，次に期待される社会性やキャリア発達に到達するまでに時間がかかったりする子どもも少なくありません。親や担当する先生等のおとなは，時間をかけて，何が獲得されていて，どんなことは難しいのかを見極める必要があります。そこで，以下のアセスメント票にて，「〔○〕できる／〔△〕時々できる・もう少しでできそう／〔×〕できない・無理である」のチェックをしてみてください。そして，〔○〕となった項目は，子どもはすでに獲得したものと判断して，そのスキルを用いた生活をますます展開してあげましょう。〔△〕〔×〕とされた項目は，子どもがまだ十分に獲得していないものと判断して，そのスキルを生活や遊びの場面等を通して経験できるようにし，練習していきましょう。なお，アセスメント票には目安となる年齢が示されています。これは，ダウン症のある子どもを調査したさまざまな研究や資料等から，ダウン症児が獲得する平均的な時期を示しています。発達の早い子どもは，当該の目安年齢よりも早く獲得します。一方，発達がゆっくりな子どもは，目安の年齢よりも後になって獲得します。したがって，個人差がありますので，対象とする子どもに応じて調整してください。また，障害のない健康な子どもの標準的な発達年齢とは異なりますのでご注意ください。

〔△〕〔×〕とされた項目の番号に対応した９章にあるプログラムの番号に取り組んでみましょう。また，子どもの実態や生活環境等に応じて，必ずしもプログラムをそのまま実践するのではなく，環境や場面等に応じて工夫・修正・教材等を変更して取り組めるとよいと思います。

ダウン症児の「社会性」を育てるためのアセスメント票

ダウン症のある子どもの目安年齢	番号	項目〔自己意識・理解（S）／他者意識・理解（O）／仲間交流・集団参加（P）／行動制御（B）〕	領域／目標機能	評価 ○△×
Ⅰ段階（0-2歳）	4-Ⅰ-1	シールはどこかな	S	
	4-Ⅰ-2	まねっこまねっこ	O	
	4-Ⅰ-3	気持ちサインを使おう	S	
	4-Ⅰ-4	困った時は助けを呼ぼう	P	
	4-Ⅰ-5	どうしたの？　大丈夫？	O	
Ⅱ段階（3-5歳）	4-Ⅱ-6	手つなぎお散歩	O	
	4-Ⅱ-7	待て待てゲーム	O	
	4-Ⅱ-8	なりきりヒーロー	S	
	4-Ⅱ-9	どんな気持ち？	O	
	4-Ⅱ-10	だれのかな？	O	
	4-Ⅱ-11	お菓子を１つだけ買おう	B	
	4-Ⅱ-12	自分の服装について話そう	S	
	4-Ⅱ-13	お店屋さんごっこをしよう	O	
	4-Ⅱ-14	今日の振り返りをしよう	S	
	4-Ⅱ-15	並んでもらおう	B	
	4-Ⅱ-16	簡単なルールのある遊びに参加しよう	P	
Ⅲ段階（6-9歳）	4-Ⅲ-17	まねっこ遊び	O	
	4-Ⅲ-18	好きなことや嫌いなことを紹介しよう	S	
	4-Ⅲ-19	困っている友だちを助けよう	O	
	4-Ⅲ-20	今の気持ちを理解しよう	S	
	4-Ⅲ-21	勝ち負けを受け入れて遊ぼう	B	
	4-Ⅲ-22	時間を守って遊ぼう	B	
	4-Ⅲ-23	一緒に使おう	B	
	4-Ⅲ-24	どんな顔？	O	
	4-Ⅲ-25	人形を使って遊ぼう！	P	
	4-Ⅲ-26	大きさ順に入れよう！	B	
	4-Ⅲ-27	どんな気持ちかな？	O	
	4-Ⅲ-28	信号ゲーム	O	
	4-Ⅲ-29	風船ラリー	O	

Ⅳ段階（10-12 歳）	4-Ⅳ-30	自分の考えを伝えよう	S	
	4-Ⅳ-31	友だちの気持ちを理解しよう	O	
	4-Ⅳ-32	怒りの原因を知ろう	S	
	4-Ⅳ-33	複雑なルールのある遊びに参加しよう	P	
	4-Ⅳ-34	おもちゃを交換しよう	O	
	4-Ⅳ-35	自分の良いところや悪いところに気づこう	S	
	4-Ⅳ-36	嘘をつくとどうなるか理解しよう	O	
	4-Ⅳ-37	嫌な気持ちをコントロールしよう	B	
	4-Ⅳ-38	色や形で分けよう！	B	
Ⅴ段階（13-18 歳）	4-Ⅴ-39	劇で役になりきって台詞を言ったり、歌をうたう	P	
	4-Ⅴ-40	どうやったら速いかな？	B	
	4-Ⅴ-41	何個あるかな？	B	
	4-Ⅴ-42	宝物を探そう！	B	
	4-Ⅴ-43	振り返ろう！	B	
	4-Ⅴ-44	話し合いで決めよう	O	
	4-Ⅴ-45	相手の気持ちに配慮したリアクションをとろう	P	
Ⅵ段階（19 歳以降）	4-Ⅵ-46	いやな気持ちを上手に伝えよう（アサーションスキル）	S	
	4-Ⅵ-47	忘年会に参加しよう	P	
	4-Ⅵ-48	マッサージ・アロマテラピー	S	
	4-Ⅵ-49	リラックスするためにお茶・お酒を飲もう	S	
	4-Ⅵ-50	ストレッチング、ヨガ、ラジオ体操	S	
	4-Ⅵ-51	カラオケ	S	
	4-Ⅵ-52	電車で外出	P	
	4-Ⅵ-53	描画・絵画・書道	S	
	4-Ⅵ-54	音楽鑑賞やピアノやギター演奏など	S	
	4-Ⅵ-55	買い物をする	P	
	4-Ⅵ-56	調理をする	S	
	4-Ⅵ-57	工作・陶芸をする	S	
	4-Ⅵ-58	観劇をする	O	
	4-Ⅵ-59	本や漫画を読む	O	
	4-Ⅵ-60	自分史を作ろう	S	
	4-Ⅵ-61	役割をもとう	P	
	4-Ⅵ-62	挨拶やスピーチをしよう	P	

VI段階 （19歳以降）	4-VI-63	趣味の話をしよう	S	
	4-VI-64	お泊まりをしよう	B	
	4-VI-65	仲間と会議をしよう	P	
	4-VI-66	感染症予防をしよう	B	
	4-VI-67	地域の行事に参加しよう	P	
	4-VI-68	相談しながら計画して外出しよう	P	
	4-VI-69	1人の時間も大切にしよう	S	

注1）目安の年齢とはダウン症のある子どもが獲得する平均的な時期を示している。健康な子どもの標準的な発達年齢とは異なる。

注2）領域は，自己意識・理解（S）／他者意識・理解（O）／仲間交流・集団参加（P）／行動制御（B）。

注3）評価は，○できる／△時々できる・もう少しでできそう／×できない・無理である，を記入する。

9章

社会性とキャリア・余暇を育てるための支援プログラム

橋本創一

1. 支援プログラムの構成

本書では，ダウン症のある子どもの発達を促す『社会性とキャリア・余暇を育てるプログラム』全69項目を4つの領域に分類しています。「自己意識・理解（Self-consciousness/understanding：S）」「他者意識・理解（Others consciousness/understanding：O）」「仲間交流・集団参加（friend interchange/group Participation：P）」「行動制御（Behavior control：B）」です。いわゆる，自分自身（自己）を意識し，適切に自分を理解する，身近な他者を意識し，適切に他者を理解する，仲間と交流したり集団に参加する，自身の行動をコントロールして他者と交流したり集団参加する活動を行う，等といった行動です。社会性とキャリア・余暇に関する生活や遊びの中における行為は，こうした4つの領域が必ずしも単一的に用いられているわけではありません。つまり，こうした4つの領域のさまざまなスキルが，組み合わされたり総合的・包括的に実行されています。本書のプログラムは，4つの領域を各々に示していますが，あくまでも，その行為・行動における最も重視・優先されるだろうスキルの領域を提示しています。いわば，そのプログラムにおける目標とするスキル・機能の領域と考えてください。

そして，対象とされる子どもの年齢段階（生活年齢）を「Ⅰ段階：0－2歳」「Ⅱ段階：3－5歳」「Ⅲ段階：6－9歳」「Ⅳ段階：10－12歳」「Ⅴ段階：13－18歳」「Ⅵ段階：19歳以降」の6つの段階に分類しています。Ⅰ段階5項目，Ⅱ段階11項目，Ⅲ段階13項目，Ⅳ段階9項目，Ⅴ段階7項目，Ⅵ段階24項目です。

「自己意識・理解（S）」は，自己が存在することを意識し気づき，外界や他人と区別して理解する力です。その自己意識・理解する力を育てる領域は，9章の支援プログラムには，全部で22項目あり，社会性とキャリア・余暇のプログラムの中で最も多い32%を占めています。年齢段階ごとにみると，Ⅰ段階2項目，Ⅱ段階3項目，Ⅲ段階2項目，Ⅳ段階3項目，Ⅵ段階12項目です。

「他者意識・理解（O）」は，他者との人間関係に関係する概念で，他者に注意や関心，意識が向けられた状態であり，他者のことを理解する力です。その他者意識・理解する力を育てる領域は，9章の支援プログラムには，全部で19項目あり，社会性とキャリア・余暇のプログラムの中で28%を占めています。年齢段階ごとに見ると，Ⅰ段階2項目，Ⅱ段階5項目，Ⅲ段階6項目，Ⅳ段階3項目，Ⅴ段階1項目，Ⅵ段階2項目です。

「仲間交流・集団参加（P）」は，仲間と交流する力や集団に参加できる力を育てる領域です。9章の支援プログラムには，全部で14項目あり，社会性とキャリア・余暇のプログラムの中で20%を占めています。年齢段階ごとにみると，Ⅰ段階1項目，Ⅱ段階1項目，Ⅲ段階1項目，Ⅳ段階1項目，Ⅴ段階2項目，Ⅵ段階8項目です。

「行動制御（B）」は，自身の行動をコントロールしながら，他者と交流したり集団参加する活動を行う力を育てる領域です。9章の支援プログラムには，全部で14項目あり，社会性とキャリア・余暇のプログラムの中で20%を占めています。年齢段階ごとに見ると，Ⅱ段階2項目，Ⅲ段階4項目，Ⅳ段階2項目，Ⅴ段階4項目，Ⅵ段階2項目です。

【I段階：S領域】

4-Ⅰ-1　シールはどこかな

個別療育／指導

ねらい

自分が鏡に映った時に自己像として認識できるようになる。

場面

姿見または大きめの手鏡を用意する。

子どもが興味をもちそうなキャラクターや，食べ物などのシールを用意する。

方法・工夫

⑴ シールを子どもの顔 (額や頬など) に貼り，鏡に顔を映して見せる。

⑵ 子どもが自分の顔にシールが付いていることに気づけるか，または鏡に向かってシールを取ろうとするか観察をする。

≪ダウン症っ子チャレンジポイント≫

・鏡に映っている顔が自分だと認識できるか（自分の顔にシールがあると分かるか，それとも鏡に貼ってあると思うか)。

・視力によってシールの大きさや色に留意する（見やすい大きさや色)。

【I段階：O領域】

4-Ⅰ-2　まねっこまねっこ

集団療育／指導

ねらい

他者の簡単な動作を模倣することができるようになる。

場面

指導者が見える位置に子どもを座らせる。

方法・工夫

(1) 指導者は「ウサギさんをやってみよう，ぴょんぴょん」と言いながら頭の上に両手を乗せてウサギの耳のポーズをし，模倣を促す。
(2)「次はライオンさんだよ，がおがお」と言いながら手を軽く丸め両手を前に出して模倣を促す。
(3) 動物の他に，食べているところ，歩いているところなど日常動作などを取り入れてもよい。

≪ダウン症っ子チャレンジポイント≫

・指導者をよく見て，同じような動作ができるか（手の位置，動かし方）。

【I段階：S領域】

4-Ⅰ-3　気持ちサインを使おう

個別療育／指導

ねらい

怒りや喜び，悲しみや楽しさなどの気持ちをことばやハンドサインで表現することができるようになる。

場面

達成できた時や好きなものを食べている時など表現したい気持ちがある時。

方法・工夫

⑴「悲しい時はえんえんだね」と手を目に当て泣きまねをする。
⑵「うれしい時はやったーだね」とばんざいやピースをする。
⑶「おいしい時は頬っぺたぽんぽん」と片手で頬を軽くたたく。
⑷ 気持ちを表すことばと動作をセットにして日常的に繰り返し教える。

≪ダウン症っ子チャレンジポイント≫

・日常場面で自分から使えるようになるか。
・発語が難しい場合はハンドサインをすることができるか。

【I段階：P領域】

4-Ⅰ-4　困った時は助けを呼ぼう

個別療育／指導

ねらい

自分が困った時に，周りのおとなや友だちに助けを求めることができるようになる。

場面

1人では運べないおもちゃや道具を用いる。

方法・工夫

(1)「今日はこれを使います，隣の部屋へ運びましょう」と伝え，持っていくように促す。

(2) 自分から「一緒に運んで」と頼めない子どもには「1人じゃ重たいよね，どうすればいいかな？」「一緒に運んでって言うのはどうかな？」と頼むように促す。

≪ダウン症っ子チャレンジポイント≫

・子どもが自ら指導者に頼むことができるか。
・日常場面にも応用して困った時に助けを求められるか。

【Ⅰ段階：O領域】

4-Ⅰ-5　どうしたの？　大丈夫？

個別療育／指導

ねらい

相手を思いやる言動や振る舞いができるようになる。

場面

他の指導をしている途中で，指導者はわざと転び「足が痛い」と子どもに伝える。

方法・工夫

(1) 子どもが困っている時や転んでしまった時には「どうしたの？」「大丈夫？」などと相手を思いやる言動を繰り返し，見本として示す。

(2) 困っている時や失敗してしまった時に優しくされると安心するという気持ちを育てる。

(3) 指導者は子どもが「大丈夫？」などと声をかけてきたら「大丈夫だよ，もう痛くないよ。ありがとう」などと伝え，思いやった言動ができることを認める。

≪ダウン症っ子チャレンジポイント≫

・指導者が転んだ時に「大丈夫？」「痛いの痛いのとんでいけー！」など相手を思いやる言動ができるか。

・どんな場面で「大丈夫？」「どうしたの？」と声をかければいいか分かるか。

【II段階：O領域】

4-Ⅱ-6 手つなぎお散歩

集団療育／指導

ねらい

友だちや指導者と手をつないで歩くことができるようになる。

場面

公園や体育館，遊戯室など安全な場所で行う。

方法・工夫

(1) 2人一組を作り，手をつなぐよう指示する。

(2)「教室へ帰ってくるまで手を離さないよ」と約束させる。

≪ダウン症っ子チャレンジポイント≫

・興味のあるものが目に入っても，手を離さずに散歩を続けることができるか。

・相手のペースも考えて歩くことができるか。

・友だちとのペアが難しい場合指導者となら，ペアになれるか。

【II段階：O領域】

4-Ⅱ-7　待て待てゲーム

集団療育／指導

ねらい

追いかけっこをして楽しむことで他者との感情交流を楽しむことができるようになる。

場面

軽く走れる広さの安全な場所で行う。

方法・工夫

⑴ 指導者は「待て待てー」と笑って言いながら子どもを追いかける。

⑵ 慣れてきたら子どもの中から鬼を選び，鬼ごっこへ発展させる。

≪ダウン症っ子チャレンジポイント≫

・追いかけられることに対して楽しんで逃げることができるか。

・他者と楽しい気持ちを共有することができるか。

【II段階：S領域】

4-Ⅱ-8　なりきりヒーロー

集団療育／指導

ねらい

自分が相手に良く思われるよう振る舞うことができるようになる。

場面

子どもが好きなヒーローの名前を出し，「今日は○○に変身しよう」と伝える。

方法・工夫

(1) あらかじめ子どもが興味をもちそうなヒーローを調べておく。
(2) 指導場面において，お手伝いを頼む。
(3)「いやだ」「やりたくない」と言ったら「○○ならどうするかな？」とヒーローの名前を出す。

≪ダウン症っ子チャレンジポイント≫

・ヒーローが他者を助けていることを理解し，自分も同じように振る舞うことができるか。
・ヒーローが他者を助けているということを理解するのが難しい場合は，「手伝ってくれたら○○みたいだね」と分かりやすい声かけをする。

【II段階：O領域】

4-Ⅱ-9　どんな気持ち？

集団療育／指導

ねらい

怒っている，喜んでいるなどの基本的な感情について表情から理解できるようになる。

場面

表情カードを子どもの見える位置に並べる。

方法・工夫

⑴ 表情カードは怒っている顔，笑っている顔，泣いている顔など代表的なものを選ぶ。

⑵「このお顔，どんな気持ちかな？」と子どもに問いかける。

≪ダウン症っ子チャレンジポイント≫

- 表情からその表情の表す感情が自分なりにことばで表現できるか。
- ことばでの表現が難しい場合は，表情カードの表情をまねすることができるか。

【II段階：O領域】

4-Ⅱ-10　誰のかな？

集団療育／指導

ねらい

自分の所有物と他者の所有物の区別ができるようになる。

場面

1人1色ずつの積み木を配り，グループで座らせる。

方法・工夫

(1)「○○ちゃんは黄色だよ」「△△くんは青色ね」とそれぞれ違う色の積み木を配る。

(2)「自分の色の積み木だけを使って遊んでね」と指示をする。

(3) 違う積み木を少しだけ混ぜ，反応を見る。

≪ダウン症っ子チャレンジポイント≫

・違う色の積み木が混ざっていた時にどのような反応をするか。

・色にこだわりがある場合あえて違う色にする。

【II段階：B領域】

4-Ⅱ-11　お菓子を１つだけ買おう

個別療育／指導

ねらい

欲しいものがたくさんあっても，「今日は１つだけだよ」「また今度ね」と言われたらがまんできるようになる。

場面

「今日は好きなお菓子を１つだけ買います」と伝えて，スーパーやコンビニへ連れていく。

方法・工夫

⑴ お菓子売り場へ行く前に「お菓子は１つだけ」と約束をする。
⑵ お菓子売り場へ連れていく。
⑶ たくさんのお菓子を見ても約束を守ることができるか。

≪ダウン症っ子チャレンジポイント≫

・たくさんのお菓子を見ても「また今度ね」「今日は１つだけだよ」「どういうお約束だったかな？」と声かけをすればがまんすることができる。
・がまんした後、上手に気持ちを切り替えられるか（「残念だったね，でもがまんできてえらかったね」と認めてあげる）。

【II段階：S領域】

4-Ⅱ-12　自分の服装について話そう

個別療育／指導

ねらい

自分の外観的な事柄について認識できるようになる。

場面

指導者と子どもは互いが見える位置に座る。

方法・工夫

(1)「今日先生は赤い服を着て，黒いスカートを履いています」と説明の見本を見せる。

(2)「○○ちゃんはどんな服を着ているかな？」と問いかける。

≪ダウン症っ子チャレンジポイント≫

・自分の外観的な事柄に合致したことを話せるかどうか。

・自分で話すことが難しい場合は「靴下は何色？」「ズボンはどう？」と1つずつ問いかける。

【II段階：O領域】

4-Ⅱ-13　お店屋さんごっこをしよう

集団療育／指導

ねらい

ごっこ遊びで役割を演じながら遊ぶことができるようになる。

場面

「お店屋さんごっこをします，○○ちゃんと先生はお客さんです。△△くんと▲▲くんはお店の人です。後で交代をします」と伝える。

方法・工夫

(1) お店屋さんとお客さんを決めて1回目をする。

(2) お客さんが物を買えたら役割を交代してもう一度行う。

≪ダウン症っ子チャレンジポイント≫

・自分の担当している役を演じながら遊ぶことができるか。

【II段階：S領域】

4-Ⅱ-14　今日の振り返りをしよう

個別療育／指導

ねらい

自分の感情や気持ちの理由（なぜ怒っているか，なぜ楽しかったかなど）を説明できるようになる。

場面

指導の最後に「今日はどんなことがあって，どんな気持ちだったかな？」と問いかける。

方法・工夫

(1)「おもしろかった」「つまらなかった」と気持ちだけ言う場合は「どうして？」と理由を聞く。

(2) うまく話せない子には「先生は，○○ちゃんと遊べて楽しかったよ」と見本を示す。

≪ダウン症っ子チャレンジポイント≫

・感情や気持ちと理由のつじつまが合っているか。

・気持ちことばがうまく出ない場合は表情カードを選ばせる。

【II段階：B領域】

4-Ⅱ-15　並んでもらおう

集団療育／指導

ねらい

順番を守ることができるようになる。

教材・場面

指導者の前に一列に子どもを並ばせる。

方法・工夫

(1) 早い者順ではなく，名前を呼ばれた順，席の左からの順など指定して並ばせる。

(2) おもちゃの入ったカゴなど子どもが興味をもちそうなものを用意し，自分の好きなものを選ばせる。

≪ダウン症っ子チャレンジポイント≫

・自分の興味のあるものでも順番を待っていられるか（待っていられたらたくさんほめてあげる）。

・自分が一番欲しかったものではなくても納得して選べるか（指導者は順番を変えるなどして公平性に気を配る）。

【II段階：P領域】

4-Ⅱ-16　簡単なルールのある遊びに参加しよう

集団参加指導

ねらい

集団の中でルールを守って遊ぶことができるようになる。

教材・場面

鬼ごっこ，キャッチボールのような簡単なルールのある遊びを題材にする。

2～5名程度の小集団で遊ぶ。

方法・工夫

(1) ルールを守れば友だちと楽しく遊ぶことができることを理解させる。ルールを守らないと友だちがどんな気持ちになるか，また自分がどう思われるか考える。

(2) 簡単なルールのある遊びに挑戦する。

(3) 振り返りの中でルールを守ることで楽しく遊ぶことができたことを意識させる。

≪ダウン症っ子チャレンジポイント≫

・簡単なルールを理解することができたか（視覚的な情報を活用したり，端的に伝えたりするなど，分かりやすい伝え方をして理解を促す）。

・集団での遊びを嫌がらず，楽しく遊ぶことができたか（子どもの機嫌に配慮して，友だちと一緒に遊ぶ楽しさを強調する）。

【Ⅲ段階：O領域】

4-Ⅲ-17　まねっこ遊び

個別療育／指導・集団参加指導

ねらい

相手をよく見て同じ動作や表情を作ることができるようになる。

教材・場面

ポーズを示した写真やイラストカード。
指導者と対面または並んで実施。

方法・工夫

(1) 指導者や写真・イラスト等の見本をよく見て同じ動作をしたり，表情を作るよう伝える。

※手を上げたり，頭や頬，お腹など体の部位を両手で触るなど大きな動作から始め，口や指など細かな部分に注目してまねしたり，手と足を使ったり，左右で形が違うポーズをまねするなど，徐々にステップアップさせる。

≪ダウン症っ子チャレンジポイント≫

・見本を示す前に本人の名前を呼んだり体に触れるなどして注意を十分引きつけ，見本に注目しやすくする。
・見本通りに取り組みにくい時は，１つ１つていねいに確認しながら動作や表情を作るよう働きかける。鏡を使って動きを確認しながら取り組ませるのもよい。
・見本通りでなくても取り組めたことを大いにほめ，意欲につなげる。

【Ⅲ段階：S領域】

4-Ⅲ-18　好きなことや嫌いなことを紹介しよう

個別療育／指導

ねらい

自分の好きなことや嫌いなことを理解し相手に伝えることができるようになる。

教材・場面

本児の好きそうなこと，嫌いそうなことを整理したリスト（好き嫌いリスト）。

デスクワーク場面で指導者と対面または並んで座って取り組む。

方法・工夫

⑴ 好き嫌いリストを読み上げ，好きか嫌いか分かるように印を付けさせる（例：好きなこと；にこにこスタンプ，嫌いなこと；イライラマーク）。
⑵ リストの内容以外の好きなこと，嫌いなことを見つける。
⑶ 紹介の仕方を例示する（例：「わたしの好きなことは○○です」）。
⑷ 自分の好きなこと，嫌いなことを例示した方法で伝える。

≪ダウン症っ子チャレンジポイント≫

・リストの内容を好きなこと，嫌いなことに整理することができたか。
・好きなこと，嫌いなことを考えることができたか。
・例示された方法で好きなこと，嫌いなことを紹介することができたか（子どもが伝えたことに対し，「○○くん／ちゃんは○○が好き／嫌いなんだね。教えてくれてありがとう」と答えましょう）。

【III段階：O領域】

4-Ⅲ-19　困っている友だちを助けよう

個別療育／指導

ねらい

困っている友だちに気づき助けることができるようになる。

教材・場面

友だちが困っている場面の絵カード。

デスクワーク場面で指導者と対面または並んで座って取り組む。

方法・工夫

⑴ 絵カードを提示し，友だちが困っている状況を説明する。

⑵ 友だちがどうして困っているか，何をしてほしいかを確認する。

⑶ 困っている友だちに何と言えばよいか考える。

⑷ 助けてもらった友だちの気持ちを考えさせる。

≪ダウン症っ子チャレンジポイント≫

・友だちが困っている状況を理解することができたか。

・友だちを助ける方法，声のかけ方を考えることができたか。

・助けられるとうれしいということを理解できたか（一緒に「そうだね，お友だちはとてもうれしいだろうね」と声をかけましょう）。

【III段階：S領域】

4-Ⅲ-20　今の気持ちを理解しよう

個別療育／指導

ねらい

自分の感情や気持ちの状態・程度を説明することができるようになる。

教材・場面

気持ちの温度計。

方法・工夫

(1) 表情と温度を対応させて理解する。
(2) それぞれの温度と対応する気持ちに名前をつける。
(3) どんな時にその気持ちになるか考える。
(4) 日常生活場面で今の気持ちを気持ちの温度計を用いて表現する。

≪ダウン症っ子チャレンジポイント≫

・表情と感情を対応させることができるか。
・温度と感情を対応させることができるか。
・日常生活の中で自分の感情に気づき，表現することができるか（表現することができたらたくさんほめましょう）。

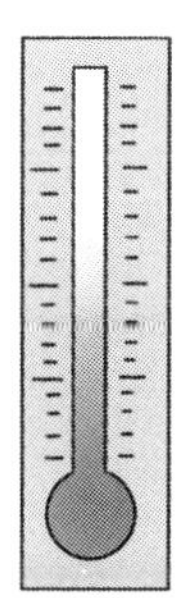

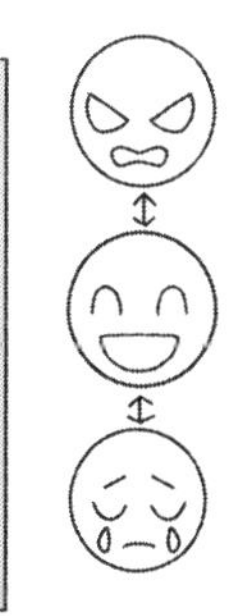

【III段階：B領域】

4-Ⅲ-21　勝ち負けを受け入れて遊ぼう

集団参加指導

ねらい

勝敗を適切に理解・意識し，納得して遊ぶことができるようになる。

教材・場面

勝ち負けが分かりやすいゲーム（例　じゃんけん）。

2～3名の小集団。

方法・工夫

(1) ゲームでは勝ったり負けたりすることがあることを伝える。

(2) 勝った時，負けた時の気持ちを考えさせる。

(3) 勝った時，負けた時にどう行動すべきか考えさせる。

(4) ゲームを通して勝ち負けを受け入れて遊ぶ練習をさせる。

※気持ちを推測することが難しい子どもには，表情カードを用いる。

≪ダウン症っ子チャレンジポイント≫

- ゲームには勝ち負けがあることを理解することができるか。
- 勝った時，負けた時の気持ちを推測し，適切な行動を考えることができるか。
- 勝ち負けを受け入れて遊ぶことができるか（負けを受け入れられない時には，子どもの考えた気持ちを参考に「今こういう気持ちなんだね」と声をかけましょう）。

【III段階：B領域】

4-Ⅲ-22　時間を守って遊ぼう

集団参加指導

ねらい

時間がきたら遊びをやめることができるようになる。

教材・場面

キッチンタイマー，時計カード。

方法・工夫

(1) 時計カードを用いて終わりの時間を視覚的に提示する（例：「長い針が6にきたらおしまい」）。

(2) キッチンタイマーを用いて5分前・3分前・1分前など，細かく区切って終わりの時間が近づいていることを知らせる。

(3) 適宜時計を確認させ，時間を意識するよう促す。

≪ダウン症っ子チャレンジポイント≫

・終わりの時間を理解しているか。

・時計を意識して行動しようとしているか（あまり意識できない時には「針は今どのへんかな？」と声をかけましょう）。

・終わりの時間がきたら遊びをやめることができるか。

【Ⅲ段階：B領域】

4-Ⅲ-23　一緒に使おう

集団参加指導

ねらい

1つの物を共有して使うことができるようになる。

教材・場面

2人ひと組で1つの物を共有して活動する（例：はさみ）。

友だちと対面または並んで座って取り組む。

方法・工夫

(1) 2人で1つの物を共有して使うために何が必要かを考える（例：1人で独占せず順番に使う，友だちが使っている時には待つ，勝手に使わず「貸して」「使っていい？」など声をかける）。

(2) 2人で1つの物を使って活動する。

※難しいペアには，声をかけるタイミングを指示する。

≪ダウン症っ子チャレンジポイント≫

- 1つの物を共有して使うために必要なことが理解できたか。
- 1つの物を共有して使うために2人で約束を決めることができたか。
- 自分勝手な行動をせず約束を守ることができたか（約束が守られていない場合は，おとなが間に入ってもう一度一緒に確認しましょう）。

【Ⅲ段階：O領域】

4-Ⅲ-24　どんな顔？

個別療育／指導

ねらい

表情から感情を推測できるようになる。

教材・場面

表情絵カード，出来事・状況を示した絵カード。指導者と対面で座って取り組む。

方法・工夫

⑴ 表情絵や指導者の表情を見せ，どんな顔をしているか，どんな気持ちか尋ねる。

⑵ 出来事・状況を示した絵カードを示し，登場人物の表情から気持ちを考えさせる。

※理解が難しい時は，表情絵を複数示し，「笑っているのはどれ?」など表情の理解を促すところから始める。日常場面でも，感情を表すことばと表情を結びつけて伝える機会を作る。

※ことばで表現しづらい時は，「うれしいのかな？　悲しいのかな?」など選択肢を示して反応を引き出す。

≪ダウン症っ子チャレンジポイント≫

・日頃から本人の感じていそうな気持ちをおとながことばにすることで，子どもが自分の気持ちを理解できるようにする。

・身近な人の表情に注目させ，どんな気持ちか伝えたり，本人に考えてもらう機会を作り，他者の気持ちを意識する経験を積ませる。

【Ⅲ段階：P領域】

4-Ⅲ-25　人形を使って遊ぼう！

個別療育／指導

ねらい

場面に応じて物の見立てができ，相手と共有できるようになる。

教材・場面

人形，ブロック，積み木，おはじき，布など。
指導者と対面または並んで座って取り組む。
場合によって自由に動きながら活動する。

方法・工夫

⑴ ブロックやおはじき，布を置いておき，指導者が人形を動かして「○○が食べたい」「△△がしたい」など要求を伝える。
⑵ 人形の要求に応じてブロックやおはじき，布を見立てて使ってもらう。
※反応が得られにくい時は，指導者が見本を見せたり，これは××にしようか，など設定を伝えて共有しながら進めていく。

≪ダウン症っ子チャレンジポイント≫

・イメージしづらい時は，人形が欲しがっている物の特徴（色や形）を考えさせ，その情報からそれらしく見える物を選んでもらう。
・どうぞ，ありがとう，おいしい，などやりとりを楽しみながら取り組みを進めていく。

【Ⅲ段階：B領域】

4-Ⅲ-26 大きさ順に入れよう！

個別療育／指導

ねらい

大きさの違いを捉えて，入れる順番を考えてから実行に移せるようになる。

教材・場面

入れ子構造になっている型はめパズルやカップ。

デスクワーク場面で指導者と対面または並んで座って取り組む。

方法・工夫

(1) 目の前でパーツを取り出し，もう一度きれいにしまうにはどれから入れていけばよいか1つずつ指導者に指示を出すよう伝える。
(2) 元の状態に戻せたら，別の入れ子教材を示し，子どもにしまわせる。
※目についた物から入れようとする時は，全体を見るよう促し，どの順番で入れていくとよいか考えさせ，一度パーツを大きさ順に並べさせる。

≪ダウン症っ子チャレンジポイント≫

・大きさを見比べながら進めていけるよう声をかける。
・試行錯誤的な取り組みが目立つ時は，パーツの中で一番大きい物を選ばせてから残ったパーツの大きさを比べるよう促すなど，解決のためのヒントを与える。
・どの順番で入れていくか計画を立ててから取り組むよう促すことで入れ間違えて修正する回数を減らす。取り組みの結果をほめ，意欲につなげる。

【III段階：O領域】

4-Ⅲ-27　どんな気持ちかな？

個別療育／指導

ねらい

相手の様子から気持ちを推測できるようになる。

教材・場面

人物が含まれるさまざまな場面を示した絵。
指導者と対面または並んで座って取り組む。

方法・工夫

⑴ 絵を見せてどんなことが描いてある絵か尋ね，絵が表している状況を確認する。
⑵ 絵に描かれている人の様子を見て，どんな気持ちか考えさせる。
⑶ どうしてそう思ったのか話をさせる。
※絵の内容をうまく説明できない時は，おとなが補足しながら確認する。
※気持ちをことばで表現しづらい時は，選択肢を示して反応を引き出す。
※指導者の表情を見て，好きな物か嫌いな物か当てるといった活動から取り組むのもよい。

≪ダウン症っ子チャレンジポイント≫

・日常生活の中でも，他者の発言や態度に注意を向けて，どんな気持ちか話したり考えたりする機会を作るようにする。
・子ども自身の経験と結びつけることで気持ちをイメージしやすくする。

【III段階：O領域】

4-Ⅲ-28　信号ゲーム

個別療育／指導・集団参加指導

ねらい

ルールに基づいて行動したり行動を抑えたりできるようになる。

教材・場面

表面が青，裏面が赤のボード。
指導者と対面で取り組む。

方法・工夫

(1) 指導者が青い面を出したら手をたたき，赤い面を出したら手をたたかないよう伝える。

※開始前に子どもにもルールをことばで言ってもらう。
※できるようになったら，途中でルールを変えたり，指導者の動作に惑わされずことばの指示を聞いて行動する活動などへ発展させていくのもよい。

≪ダウン症っ子チャレンジポイント≫

・開始する前に改めて子どもにルールをことばにしてもらうことでルールを記憶にとどめやすくする。
・必要な情報に注意を向けて着実に判断，行動できるよう，はじめはゆっくりとしたテンポでボードを示し，ほめながら進めていく。慣れてきたら徐々にテンポを上げていく。

【Ⅲ段階：O領域】

4-Ⅲ-29　風船ラリー

個別療育／指導

ねらい

テーマに沿った言語活動をしながら，風船を落とさないように打ち返すことができるようになる。

教材・場面

風船。

風船でラリーができるよう距離をとって向き合う。

方法・工夫

(1) 回数を数えながら風船を落とさないよう打ち合うことを伝える。

※回数を数える他に，指導者が提案したテーマに沿ってことばを考えたり，質問に答えたりするなどでもよい。ことばの想起に時間がかかったり，言語面に弱さがみられる子どもの場合は，指導者が言ったことばを復唱するなど取り組みやすい内容に変える。

※風船を追うことだけで精一杯な様子がみられる時は，ボールを転がし合うなど，その子どもが負担なく取り組める内容にする。

≪ダウン症っ子チャレンジポイント≫

・取り組むべきことへの意識が高まるよう，何をすればよいのか本人に尋ね，ルールをよく確認してからスタートする。

・複数のことに注意を振り分けて取り組む経験を積めるようにする。

【Ⅳ段階：S領域】

4-Ⅳ-30　自分の考えを伝えよう

集団参加指導

ねらい

自分の考えや気持ちを整理して，みんなの前で発表することができるようになる。

教材・場面

絵カード。

3～5名程度の小集団での発表の場面。

方法・工夫

(1) 考えや気持ちを表す表現（例：「思う」「楽しい」「良かった」）を確認する。

(2) 表現に対応する表情を絵カードで確認する。

(3) 発表の仕方を例示する（例：「私は○○と思いました」）。

(4) 考えや気持ちを表す表現を使って自分の考えを発表する。

≪ダウン症っ子チャレンジポイント≫

・考えや気持ちを表す表現を子どもが自分に合った方法（ことば，絵カード，身振り，表情など）で理解した上で発表することができたか（必要に応じて，おとなが身振りや表情で大げさに考えや気持ちを表現してみせる）。

・緊張することなく，みんなの前で発表することができたか（少しでも表現ができたら大げさにほめる）。

【Ⅳ段階：O領域】

4-Ⅳ-31　友だちの気持ちを理解しよう

集団参加指導

ねらい

相手の考えや気持ちを理解し，正確に説明することができるようになる。

教材・場面

表情絵カード。

自分の考えや気持ちを短い文章で発表する場面。

3～5名程度の小集団。

方法・工夫

(1) 考えや気持ちを表す表現（例：「思う」「楽しい」「良かった」）を確認する。

(2) 表現に対応する表情を絵カードで確認する。

(3) 友だちの発表を聞き，考えや気持ちを表す表現を見つける。

(4) 見つけたことばを発表する。

≪ダウン症っ子チャレンジポイント≫

・友だちの発表を聞き，考えや気持ちを表す表現を見つけることができたか（分からない場合は，子どもの機嫌に配慮しながらヒントを与えたり答えを確認したりする）。

・考えや気持ちを表す表現を，子どもに合った方法（ことば，絵カード，身振り，表情など）で説明することができたか（少しでも表現ができたら大げさにほめる）。

【Ⅳ段階：S領域】

4-Ⅳ-32 怒りの原因を知ろう

個別療育／指導

ねらい

自分の感情や気持ちに影響を及ぼすものを理解し，適切な行動を身につけることができるようになる。

教材・場面

トラブル場面の絵カード。

指導者と対面または並んで座って取り組む。

方法・工夫

⑴ 絵カードを提示し，トラブルが起きている場面を説明する。

⑵ このようなトラブルの時どんな気持ちになるか子どもと一緒に考える。

⑶ トラブル時のいやな気持ちを抑えるための方法を子どもと一緒に考える。

⑷ 実際にトラブルが起こることがあることを理解させ，その時にどうするか決める。

≪ダウン症っ子チャレンジポイント≫

・状況を理解し，トラブル場面での気持ちを推測することができたか（分からない場合は，絵カードを提示しおとなが身振りや表情を見せて子どもの理解を促す）。

・具体的なトラブル場面での適切な行動を考えることができたか（必要に応じて，簡単なロールプレイなどをその場で行う）。

・具体的なトラブル時を想定し，「行動の」約束を決めることができたか（おとなは，子どもの意見を尊重しながら適切な約束を提案する）。

【Ⅳ段階：P領域】

4-Ⅳ-33　複雑なルールのある遊びに参加しよう

集団参加指導

ねらい

複雑なルールのあるゲームに参加して遊ぶことができるようになる。

教材・場面

サッカーなどのルールが複雑な遊びを題材にする。
5～10名程度の中規模集団。

方法・工夫

⑴　ルールを守れば友だちと楽しく遊ぶことができると理解させる。
※ルールを守らないと友だちがどんな気持ちになるか，また自分がどう思われるか考える。
⑵　複雑なルールのある遊びに挑戦する。
※ルールを理解しているか確認してから参加させる。
⑶　振り返りを通してルールを守ることで楽しく遊ぶことができたことを意識させる。

≪ダウン症っ子チャレンジポイント≫

・ルールを守ることで友だちと楽しく遊べると理解することができたか（友だちと一緒に遊ぶ楽しさを強調する）。
・複雑なルールを理解することができたか（視覚的な情報を活用したり，端的に伝えたりするなど，分かりやすい伝え方をして理解を促す）。
・ルールを守って友だちと一緒に遊ぼうとしていたか。

【Ⅳ段階：O領域】

4-Ⅳ-34　おもちゃを交換しよう

集団参加指導

ねらい

シール，人形，ミニカーなどを友だちと交換して遊ぶことができるようになる。

教材・場面

シール，人形，ミニカーなど小さくてバリエーションが豊富なもの。

友だちと1対1でやりとりをする。

方法・工夫

(1) 相手の持っている物の中から交換してほしいものを選ぶ。

(2) 自分の持っている物の中から交換してもよいものを選ぶ。

(3) 交換してもよいものを提示し「あれ（交換してほしいもの）と交換しよう」と伝える。

(4)「いいよ」と言われたらそれぞれ交換し，「ありがとう」と言う。「だめ」と言われたら違うものを選び，再度お願いする。

(5) 必ず交換してもらえるわけではないことを伝え，残念な気持ちをコントロールするよう促す。

≪ダウン症っ子チャレンジポイント≫

・交換してほしいもの，交換してもよいものを選ぶことができたか。

・優しいことばを用いて交換を提案することができたか。

交換してもらえない場合，残念な感情をコントロールすることができたか。

【Ⅳ段階：S領域】

4-Ⅳ-35　自分の良いところや悪いところに気づこう

個別療育／指導

ねらい

自分の長所短所や他者から見た自分について理解することができるようになる。

教材・場面

良いところを整理したリスト（良いところリスト）。

デスクワーク場面で指導者と対面または並んで座って取り組む。

方法・工夫

(1) 良いところリストを読み上げ，自分に当てはまるものに丸を付けさせる。
(2) リストの内容以外の自分の良いところを見つける。
(3) 丸が付かなかったところは直していきたいところであることを確認する。

≪ダウン症っ子チャレンジポイント≫

・リストから自分の良いところ・直したいところに気づくことができたか（良いところを強調し，ほめながら行う）。
・リストの内容以外の自分の良いところを見つけることができたか（思い浮かばない場合は，おとなが子どもの良いところを複数伝え、子どもに選択してもらう）。

【Ⅳ段階：O領域】

4-Ⅳ-36 嘘をつくとどうなるか理解しよう

個別療育／指導

ねらい

相手をだましたり嘘をついたりすることによって起こり得る結果を理解することができるようになる。

教材・場面

具体的な場面を設定して実施。

方法・工夫

(1) 嘘をつく場面を説明する（例：Aくんは先生の花瓶を割ってしまった。そこに先生が来て「Aくんが花瓶を割ったのか」と聞いたが，Aくんは「違います。僕じゃありません」と嘘をついてしまった）。
(2) 嘘をついた人（Aくん）が知っていること，嘘をつかれた人（先生）が知っていることを整理する。
(3) 嘘をつかれた人が知っていることを手がかりにして，この後どうなるか考える。また、嘘がばれた時，嘘をついた人はどうなるか，嘘をつかれた人はどんな気持ちになるか考える。
(4) 嘘をついてしまった後どうするか，嘘をつかずに相手に事実を伝えるにはどうするか考える。

≪ダウン症っ子チャレンジポイント≫

・嘘がばれた時の自分と相手の気持ちを想像することができたか。
・嘘をついてしまった後の対処法や，嘘をつかない伝え方を考え，納得することができたか（必要に応じて，簡単なロールプレイなどをその場で行う）。

【Ⅳ段階：B領域】

4-Ⅳ-37　いやな気持ちをコントロールしよう

個別療育／指導

ねらい

自分の感情を他者に迷惑にならない方法でコントロールしたり表現することができるようになる。

教材・場面

感情コントロールが困難な場面を想定して実施。

デスクワーク場面で指導者と対面または並んで座って取り組む。

方法・工夫

(1) これまでに感情コントロールが困難だった場面を想起し，その際の行動を振り返る。

(2) 不適切な感情表現によって周りの人に迷惑がかかり，自分もいやな気持ちが続いてしまうことを理解させる。

(3) 適切な感情表現の仕方について考える。

(4) どうしてもいやな気持ちを抑えられない時にはどうするか約束を決める。

≪ダウン症っ子チャレンジポイント≫

- 不適切な感情表現が周りにも自分にも良くないことを理解できたか。
- 適切な感情表現の仕方を考え，納得することができたか（必要に応じて，簡単なロールプレイなどをその場で行い，できたら大げさにほめる）。
- いやな気持ちを抑えられない時の約束をすることができたか（必要に応じて，おとなは子どもの意見を尊重しながら適切な約束を提案する）。

【Ⅳ段階：B領域】

4-Ⅳ-38　色や形で分けよう！

個別療育／指導

ねらい

ルールの変更にスムーズに対応できるようになる。

教材・場面

（○・△・×）×（赤・青・黄）のチップ２～３枚くらいずつ，トレイ３つ。

デスクワーク場面で指導者と対面で座って取り組む。

方法・工夫

(1) 同じ形で分けるよう伝え，見本として同色３種の形のチップを１枚ずつ各トレイに置いた後，残りのチップを子どもに分類させる。

(2) 形で分類し終えたら，次は色で分けるよう伝え，見本として同形３色のチップを各トレイに置き，残りのチップを色で分類させる。

※ルールを切り替えにくい時は，分類前に各トレイに何を入れるのか答えてもらい，分類時にもルールに沿ってチップの色や形を言うよう促す。

※スムーズに切り替えられる子どもには，見本を置かないようにしたり，図柄が描かれた四角いカードを用いて分類させる。

≪ダウン症っ子チャレンジポイント≫

・ルールの変更を伝えた後，新しいルールを本人に言わせてルールの理解を確認し，新たなルールで取り組む構えを作らせる。

・ルールの切り替えに対応できず誤りを示した時は，その場でルールを再確認し，ていねいにサポートしながら進めていくことで切り替えを促す。

【Ⅴ段階：P領域】

4-Ⅴ-39　劇で役になりきって台詞を言ったり，歌をうたう

集団参加指導

ねらい

役柄の特徴を捉えて役を演じることができるようになる。

場面

学習発表会などのステージ。

方法・工夫

(1) 役の特徴（年齢や体格，声色や声量など）を考える。

(2) 鏡やボイスレコーダーを使って台詞の練習をする（個人練習）。

(3) 仲間とやりとりをしながら台詞を練習し，劇を完成させる。

≪ダウン症っ子チャレンジポイント≫

・役の特徴を3つ以上挙げることができるか。

・表情や声の変化で役の特徴を表すことができるか。

・仲間と台詞のキャッチボールができるか。

【Ⅴ段階：B領域】

4-Ⅴ-40　どうやったら速いかな？

個別療育／指導

ねらい

効率良く遂行するための方略を考え，実行に移せるようになる。

教材・場面

数字と色の対応関係をもとに色塗りをするワークシート，色塗り用の画材，各２セット，ストップウォッチ。

指導者と対面または並んで座って取り組む。

方法・工夫

(1) 数字に対応する色を確認し，ルールに沿って色を塗るよう伝える。
(2) どう取り組むと早く塗り終えられるか意見を聞く。指導者は子どもと違う方法を考えて意見を伝える。
(3) それぞれが考えた方法で取り組み，かかる時間を計測する。
(4) 塗り終えたら，取り組んでみてどうだったか感想を話し合う。

※取り組み方が思いつかない時は，方略のヒントや選択肢を与える。

≪ダウン症っ子チャレンジポイント≫

- 物事に取り組む際，さまざまな方略があり，それをうまく選択することによって効率良く取り組めることを，体験を通して実感できるようにする。
- 日頃から，いくつかの用事や作業がある時に，どういう順番で進めていくと効率が良いか計画を立ててから実行に移すよう促す。

【V段階：B領域】

4-V-41　何個あるかな？

個別療育／指導

ねらい

見落としなく確実にターゲットを見つけ出すための方法を考えて取り組めるようになる。

場面

何種類かの絵や記号がたくさん描かれたワークシート，筆記用具。

指導者と対面または並んで座って取り組む。

方法・工夫

(1) ターゲットとなる絵や記号がワークシートの中に何個あるか数える課題であることを伝える。

(2) どう見ていくと見落とさず見つけられるか考えてもらい，意見を聞く。

(3) 考えた方法で絵や記号を探してもらった後答え合わせをする。

※注意力が散漫な場合は，見るエリアを区切りながら進めてもらう。

※方略が思いつかない時は，探し方のヒントや選択肢を与え，どの方法が良さそうか選んでもらう。

≪ダウン症っ子チャレンジポイント≫

・考えた方略を忘れないよう，開始前に本人に改めて作戦を尋ねて確認しておく。作戦通り進めることができているか取り組んでいる間も見守る。

・日常場面でも探し物をする時など，どういう順序でどこを探すか考えてから行動するよう促す。

【V段階：B領域】

4-V-42 宝物を探そう！

個別療育／指導

ねらい

ヒントをもとに推理して考えられるようになる。

教材・場面

宝物として使うアイテム，色やマークで区別した容器3～4個，容量の重さを比較する図（ヒント）が書かれた紙。

指導者と対面または並んで座って取り組む。

方法・工夫

(1) 一番重い容器の中に宝物が入っていることを知らせる。容器には触らず，重さを比較した図が載っているヒントを見てどの容器を開けるか考えさせる。

※結論を出す前に容器を触ってしまう時は，重さを比較した図（ヒント）のみを示し，考えることに集中できるようにする。

※ヒントを生かして考えにくい時は，ヒントの図を1つずつ示し，どちらの容器が重いか確認しながら進めていく。

≪ダウン症っ子チャレンジポイント≫

・AはBより重い，CはAより重いというヒントから，CはBより重いことに気づけるよう働きかけ、複数のヒントから考える経験を積ませる。

・複数の情報を頭に置きながら考えていくことが難しい時は，容器の識別記号を描いたカードを準備し，操作しながら考えられるようにする。

【Ⅴ段階：B領域】

4-Ⅴ-43　振り返ろう！

個別療育／指導・集団参加指導

ねらい

自分の行動を振り返ることができるようになる。

教材・場面

筆記用具，振り返りのポイントを記入できるシート。

指導者と対面または並んで座って取り組む。

方法・工夫

(1) 活動に取り組む前に，活動を行う上で気をつけるところやルールを確認し，ことばにしてもらう。

(2) 確認した内容を振り返りのポイントとしてシートに記入させる。

(3) 活動の途中あるいは終わった時に，確認したポイントを意識しながら行動できているか，ルールに基づいて行動できたか振り返り，シートに自己評価を記入してもらう。

≪ダウン症っ子チャレンジポイント≫

・自分の行動に対する意識をより高めて，行動を調整しやすくしたり，後から自分の行動を振り返りやすくするために，自分が何をすべきか，何に気をつけて取り組めばよいのか確認してから取り組み始めるよう促す。

・気をつけるべきところを紙に記しておくことで，記憶を助け，振り返る際のポイントを思い出しやすくする。

【Ⅴ段階：O領域】

4-Ⅴ-44 話し合いで決めよう

集団参加指導

ねらい

状況や文脈の中で他者の意図を理解し，他者の意見に耳を傾けることができるようになる。

教材・場面

3～5人の集団で行える遊び（メンバーによってやりたい遊びが異なるように配慮する）を3つ程度。

3～5人の集団場面。指導者はリーダーとサブリーダーの2名程度。

方法・工夫

(1) 指導者が「これから○分間，みんなで遊びましょう。これらの中からみんなで話し合って遊びを決めましょう」と伝える。

(2) すぐに多数決を行うのではなく，それぞれの意見とその理由を話すようにし，話し合いによって全員が納得できる結論になるようにする。

※ことばのやりとりだけでは話し合いについていけない子がいる場合には，ホワイトボードや紙に意見を書き出しながら話し合いを進行する。

※意見が分かれない場合は，指導者があえて異なる意見を出し，意見が分かれるようにする。

≪ダウン症っ子チャレンジポイント≫

・周囲の意見を静かに聞くことができるか。

・主張し過ぎたり，消極的になったりせずに，適度に話し合いに参加できるか。

【Ⅴ段階：P領域】

4-Ⅴ-45　相手の気持ちに配慮したリアクションをとろう

個別療育／指導・集団参加指導

ねらい

相手の気持ちに配慮した発言や振る舞いができるようになる。

教材・場面

トランプやすごろくなどのボードゲームやアナログゲーム。

1対1の対戦や集団でのゲームを行い，勝敗や順位が決まった場面。

方法・工夫

(1) ゲームを開始する前に，勝った時や負けた時の気持ちを思い浮かべ、「うれしい」「悔しい」「悲しい」など言語化したり，次のゲームに向かう気持ちの切り替え方について話し合いを行う。

(2) 話し合いを踏まえて「みんなが楽しい気持ちになるように気をつけながらゲームをしましょう」とゲームを行う。

(3) ゲームで勝敗や順位が決まった後，適度なリアクションがとれたら，「素敵だね」などと肯定的な評価をことばにして伝える。

※ゲームの最中や終了後に，良い言動がみられたら「グッドポイント」などのポイントを与えてもよい（シールなどで目に見える形にする）。

≪ダウン症っ子チャレンジポイント≫

・相手の気持ちに配慮したリアクションをとれるか。

・自分の気持ちをことばにして伝えることができるか。

【Ⅵ段階：S領域】

4-Ⅵ-46 いやな気持ちを上手に伝えよう（アサーションスキル）

集団参加指導

ねらい

自分の嫌な気持ちを相手に感じ良く伝えることができるようになる。

場面

音楽を聴いている友だちに音量を下げてほしい時。

方法・工夫

⑴ 大音量で音楽を聞いている友だちと宿題をしている友だちが同じ部屋にいる状況をみる（ドラえもんのキャラクター３人）。

> ジャイアン：♪♪♪（大音量で音楽を聞いている）
> のび太：……（音楽がうるさくて宿題に集中できないけど、何か言うと怒らせちゃうから我慢しよう）
> しずかちゃん：ジャイアン、楽しい音楽なんだけど宿題をしているから、少し音量を下げてもらうか、イヤホンを使ってもらってもいい？

⑵ 支援者が、３人の状況について説明し、どのような対応をとることが一番いいか一緒に考える。

≪ダウン症っ子チャレンジポイント≫

・３人の言動が「○か×か」を考えることができるか。
・「○（×）」にした理由を考えることができるか。
・仲間と一緒に，感じが良い伝え方を考えたり，伝える練習をしたりすることができるか。

【VI段階：P領域】

4-Ⅵ-47　忘年会に参加しよう

集団参加指導

ねらい

一緒に働く仲間との親睦を深めることができるようになる。

場面

居酒屋などの飲食店。

方法・工夫

(1) できるだけ少人数（4～5人程度）で実施する。

(2) 仕事でよく関わる仲間と参加する。

(3) 趣味や休みの日にしていることなど仕事以外のことを話題にする。

≪ダウン症っ子チャレンジポイント≫

・参加者に自分が好きなことなどを話すことができるか。

・参加者に関する新しい情報を得ることができるか。

・笑顔で会を終えることができるか。

【VI段階：S領域】

4-Ⅵ-48 マッサージ・アロマテラピー

個別指導

ねらい

心身をリラックスさせることができるようになる。

場面

休日（休憩時間），自宅や職場の休憩室。

方法・工夫

(1) 疲れていないか，凝っている部位がないかを考える。

(2) ツボ押しグッズなどを使って肩や足などをマッサージする。

(3) 好きな香りをたいて，リラックス効果を高める。

≪ダウン症っ子チャレンジポイント≫

・自分の体の中で疲れている箇所を見つけることができるか。

・ツボ押しグッズを使って，もみほぐすことができるか。

・好きな香りをかいでゆったりした気持ちになることができるか。

【Ⅵ段階：S領域】

4-Ⅵ-49　リラックスするためにお茶・お酒を飲もう

集団参加指導

ねらい

仕事や活動の疲れをとることができるようになる。

場面

自宅または飲食店で仲間と。

方法・工夫

(1) 月に１回，１時間程度「おしゃべり会」の時間を設ける。

(2) 各々好きな飲み物やお菓子（おつまみ）を準備して仲間と話をする。

※オンラインでも実施可能。

≪ダウン症っ子チャレンジポイント≫

・仕事の疲れや悩みを忘れて，笑顔で仲間とおしゃべりをすることができるか。

・飲み過ぎ，食べ過ぎに気をつけて楽しい時間を過ごせるか。

【VI段階：S領域】

4-Ⅵ-50　ストレッチング，ヨガ，ラジオ体操

個別指導

ねらい

適度に体を動かして心を落ち着けることができるようになる。

場面

体を動かすことができる広い場所。

方法・工夫

⑴ タブレット端末等を使って自分に合うエクササイズの動画を流す。
⑵ 鏡があれば自分の姿を見て，どの部位が伸びているか確認（意識）しながら行う。
⑶ ゆっくり呼吸をすることにも意識を向けて行う。

≪ダウン症っ子チャレンジポイント≫

・自分に合うエクササイズを見つけることができるか。
・ゆっくりとした動きと呼吸で体の部位を伸ばすことができるか。
・エクササイズ後，心身の気持ち良さを感じることができるか。
・地域の公民館でヨガ教室など開催している場合は参加してみる。

【Ⅵ段階：S領域】

4-Ⅵ-51　カラオケ

集団参加指導

ねらい

歌ったり踊ったりして自己表出をすることができるようになる。

場面

カラオケボックス。

方法・工夫

(1) 家族や仲間とカラオケボックスへ行く（事前に歌う曲を決めておく）。

(2) くじ引きなどで歌う順番を決める。

(3) 好きな歌を歌う。

(4) 家族や仲間の歌を聞く（聞きながら踊ったり口ずさんだりする）。

≪ダウン症っ子チャレンジポイント≫

・曲に合わせて体を動かしたり口ずさんだりすることができるか。

・相手の歌を楽しんで聞くことができるか（手拍子や踊るなど）。

・マナーを守って楽しい時間を過ごすことができるか。

【Ⅵ段階：P領域】

4-Ⅵ-52　電車で外出

集団参加指導

ねらい

行動範囲を広げて，興味や関心を広げることができるようになる。

場面

乗り換えなしで行くことができるイベントに参加する。

方法・工夫

(1) 地域（電車1本で移動できる範囲）で行われているイベントを調べる。

(2) 移動方法を調べる（路線図や時刻表，料金等，専用アプリの使用も可）。

(3)（支援者と一緒に）調べたことをカードにまとめて当日持参する。

≪ダウン症っ子チャレンジポイント≫

・カードを見ながら移動することができるか。

・困った時に周りの人に尋ねることができるか。

・新たな楽しみを見つけることができるか。

・（自信がついたら）乗り換えて外出するなど行動範囲を広げる。

【VI段階：S領域】

4-Ⅵ-53　描画・絵画・書道

個別指導・集団参加指導

ねらい

絵を描いたり，書道で文字を書くことを通して，自己表現することができるようになる。

場面

自宅や公民館など。

方法・工夫

⑴ 月に1回30分程度，描画や書道をする時間を設ける。

⑵ 直近の1か月で思い出に残った出来事や印象に残ったことなどを絵や書道で自由に表現する。

⑶ 半年に一度程度，完成した作品を持ち寄って仲間の作品を見たり，自分の作品を紹介したりする（家族や同じ趣味をもつ仲間たちと）。

≪ダウン症っ子チャレンジポイント≫

・色の配色や濃淡，線の太さなどを工夫して，思い出に残ったことを絵や文字で表現することができるか。

・自分や仲間の作品を見ながら，互いの作品について話をすることができるか（ステキなところを見つける，伝える）。

【Ⅵ段階：S領域】

4-Ⅵ-54　音楽鑑賞やピアノやギター演奏など

個別指導

ねらい

好きな音楽を聞いたり，楽器を演奏したりすることを通して心穏やかに過ごしたり，活動の楽しさを味わったりすることができるようになる。

場面

自宅や音楽スタジオなど（楽器演奏が可能な場所）。

方法・工夫

⑴ タブレット端末を使って好きな音楽を検索し，自由に聞く。
⑵ 興味のある楽器や演奏したい曲を考える。
⑶ 支援者のサポートを受けながら，練習する。
（ギターのコードを押さえる，支援者が伴奏を弾くなどの支援）。

≪ダウン症っ子チャレンジポイント≫

・好きな音楽を選んだり，聞いたりして楽しめる音楽を見つけることができるか。
・演奏の練習に楽しみながら取り組むことができるか。
・音楽を聞いたり，演奏をしたりすることでリラックスした気持ちを味わうことができるか。

【VI段階：P領域】

4-Ⅵ-55　買い物をする

個別指導・集団参加指導

ねらい

自分で買うものを選択し，購入することができるようになる。

場面

キャッシュレス決済が使える店。

はじめは支援者と一緒に買い物に行く。

方法・工夫

⑴ 本人がすでに持っている物と同じものを購入する。

※本人のお気に入りの物にするとよい。

⑵ 支援者が買う物の選択肢を2，3個用意し，本人が選択して購入する。

※支援者が提示した物を買う・買わないという自己選択の機会を作る。

⑶ 支援者が選択肢を少しずつ増やしていく。

※自己選択のやりとりを経て，買い物の楽しさを味わえるようにする。

※はじめはICカードなどを使い，お金を使わずに買い物をすることで，金銭計算の練習により買い物の楽しさが半減しないようにする。

≪ダウン症っ子チャレンジポイント≫

・同じ物を見つけることができるか。

・自分で買う物を選択することができるか。

・自分で支払いをすることができるか。

【VI段階：S領域】

4-VI-56　調理をする

個別指導

ねらい

調理をすることの達成感や喜びを味わうとともに，生活の幅を広げる。

場面

キッチンで支援者と共に行う。

方法・工夫

(1) 家族や支援者が作った料理を皿の上に盛りつける。
(2) (1) に慣れたら，料理が完成する間近の作業を１つ引き受ける。
※ソースやドレッシングなどの量が多過ぎたり少な過ぎたりしないように，あらかじめ使う分量を支援者が用意しておく。
(3) 本人が行う作業を増やしていく。
※料理技術をカバーするさまざまな便利グッズを活用する。
※本人の得意・不得意を見極めて作業を選び，達成経験を積めるようにする。
※計量や切り込みなどの難易度の高い作業は，支援者が配慮する。

≪ダウン症っ子チャレンジポイント≫

・盛りつけることができるか（できたらほめ，「できた」という達成感を味わわせる）。
・決められた作業を行うことができるか（本人が作った料理を家族や支援者に食べてもらい，他者に感謝される喜びを味わえるようにする）。

【Ⅵ段階：S領域】

4-Ⅵ-57　工作・陶芸をする

個別指導

ねらい

物作りの楽しさを味わう。

場面

紙や粘土など，さまざまな感覚刺激を養う素材を用意する。

方法・工夫

(1) さまざまな素材の中から，本人が使いたい素材を選ぶ。

※道具の使用の際は支援する。

(2) 自由に物作りをする。

※自由に作ることが難しい場合は，写真や見本を見ながら作り，似たものを作ることができたという達成感を味わわせるのもよい。

≪ダウン症っ子チャレンジポイント≫

・さまざまな素材に触れることができるか（さまざまな素材に触れる機会を作り，感覚刺激を養う）。

・道具を使うことができるか（適宜支援を受けながら）。

・自由に発想し，作品を作ることができるか。または，見本を見ながら作ることができるか。

【Ⅵ段階：O領域】

4-Ⅵ-58　観劇をする

個別指導・集団参加指導

ねらい

観劇を通して感受性を養うとともに，劇場でのマナーなどを知る。

場面

演劇，コンサート，お笑いライブなど。

方法・工夫

⑴ 支援者と共に，インターネットや情報誌を見て観劇するものを決める。

⑵ インターネットや電話，窓口でチケットを入手する。

※必要に応じて支援する。

※障害者割引を利用できる場合もある。

⑶ 劇場内のマナーを伝える。

※携帯電話の使用や写真撮影の禁止，上演中は私語を慎むといったマナーがあることを伝え，みんなが気持ちよく観劇できるように支援する。

⑷ 支援者も一緒に劇を楽しむ。

≪ダウン症っ子チャレンジポイント≫

・観たいものを選ぶことができるか（必要に応じて，支援者から声かけを行う）。

・自分でチケットを購入することができるか。

・マナーを守り，観劇することができるか。

・観劇を楽しむことができるか（帰宅後も劇に関する会話をするなど，家族や支援者と楽しさを共有する）。

【Ⅵ段階：O領域】

4-Ⅵ-59　本や漫画を読む

個別指導

ねらい

自分に合った方法で読書や漫画を楽しむことができる。

場面

デイジー図書やタブレット端末を活用して読書を楽しむ。

方法・工夫

(1) デイジー図書を活用する。

※デイジー図書とはデジタル録音図書のことで，音声で図書を楽しむことができる。

※インターネットでダウンロードや，一部の図書館で借りることができる。

(2) タブレット端末を活用する。

※タブレット端末で電子書籍を購入すると，文字の読み上げ機能を使うことができるため，物語を聴いて楽しむことができる。

≪ダウン症っ子チャレンジポイント≫

・紙媒体の書籍やデイジー図書，タブレット端末など，本人に合った方法を見つけることができる。

・読みたい本を選ぶことができる。

・物語を聞いて楽しむことができる。

【VI段階：S領域】

4-Ⅵ-60　自分史を作ろう

個別指導・集団参加指導

ねらい

家族や周囲の方々と協力しながら今まで自分が取り組んできたことを整理し，自分の歴史を改めて振り返ることができる。

場面

本人にとって節目となる場面（学校を卒業し社会に出る時，就職する際の履歴書作成時，通所を開始する時など）。

方法・工夫

(1) 生年月日，小学校・中学校・高等学校などの入学・卒業年月日などを，家族や支援者と一緒に整理する。

(2) 今までの活動が記録されているもの（日記，連絡帳，日誌など）や過去のアルバムを見返し，エピソードを抜き出す。

・今までの経験や経験を通して学んだことや気づいたこと。

・好きなこと得意なことと（苦手なこと難しいこと）と，その理由。

・これから頑張りたいことややってみたいことと，その理由など。

≪ダウン症っ子チャレンジポイント≫

自分の取り組んできたことを思い出しながら，自分の強みやアピールポイントを整理することができるか（家族や支援者と一緒に整理することで，支援者が本人のことを知ることができるよい機会になるでしょう）。

【Ⅵ段階：P領域】

4-Ⅵ-61　役割をもとう

個別指導・集団参加指導

ねらい

周りの人から客観的な評価を受け，自分も家族の一員として役に立っていると感じることができるようになる。

場面

家庭，グループホーム，会社や事業所など。

方法・工夫

(1) 本人にとって分かりやすい場面（たとえば，掃除，洗濯，調理，買い物などの場面）において役割を作る。
(2) いつ，どこで役割を担うか，本人が分かりやすいように表を作る。
(3) 役割を果たしたら表にチェックする。
(4) 表は，他の人にも分かる場所に掲示するなどして，本人が他者からの評価を受けることができるようにする。

≪ダウン症っ子チャレンジポイント≫

主体的に役割を果たすことができるか（本人１人だけで役割を担うことが難しい場合には，絵や写真を利用した手順表やチェック表を使いながら，支援者と一緒に取り組んでみましょう）。

役割の例

・洗濯物のカゴを運ぶ，たたむ，洗濯機の操作をするなど。

【Ⅵ段階：P領域】

4-Ⅵ-62　挨拶やスピーチをしよう

集団参加指導

ねらい

挨拶する態度を育てること，また第三者に自分のことや自分が取り組んでいることなどを伝えることができるようになる。

場面

通所先，職場など。

方法・工夫

(1) ロールプレイを通じて，挨拶の仕方を練習する。
- 良い例と悪い例を提示する。
- 支援者による例示は本人に分かりやすいように，特に良い例について大げさに強調して行うようにする。
- できるだけ視覚的な提示を心がける。
- 複数の要素がある場合は段階的に１つずつ説明する。

(2) 実際に第三者に挨拶やスピーチをする機会を作る。
- 朝礼や終礼の時間に本人が慣れた仲間や同僚に挨拶する機会。
- 上司や先輩に自分がやっている仕事を説明する機会。
- お客様が来たときに自分の仕事や商品を紹介する機会

など。

≪ダウン症っ子チャレンジポイント≫

- 模倣しながら練習することができるか。

【Ⅵ段階：S領域】

4-Ⅵ-63　趣味の話をしよう

個別指導・集団参加指導

ねらい

自分が好きなことを大切にし，周りの人にも自分と同じように好きなことや趣味などがあることを理解できるようになる。

場面

通所先，職場，ヘルパーさんと一緒に活動する場面など。

方法・工夫

⑴ 絵，ダンス，スポーツ，音楽，アイドル，映画やドラマなど自分が好きなことや好きなものを家族や支援者と話しながら整理する（家族や支援者も本人の趣味を実際に一緒にやってみたり楽しんだりしながら話できるとよいでしょう）。

⑵ 自分の身近な人の好きなものを一緒に考える。

≪ダウン症っ子チャレンジポイント≫

・自分の好きなことや好きなものを他者に伝えることができるか。

・自分のことを伝えた上で，他者のことも考えることができるか（支援者は「～君は○○のDVDを見るのが好きなんだね」「○○はオシャレでカッコイイねー，自分のことはどう思う？」「同じように○○のことを好きなのは誰だろう？」など問いかけながら，他者理解を促すようにする）。

【VI段階：B領域】

4-Ⅵ-64　お泊まりをしよう

集団参加指導

ねらい

自分と同世代の人との宿泊体験を通して，家族以外の人との関係作りを経験することができる。

場面

友だちの家，ホテル，キャンプ場など。

方法・工夫

(1) 宿泊をする場所を決める。
※できるだけ親やきょうだいが顔を出さないようにする。
※可能であれば宿泊代を自分の収入や小遣いで利用できるとよい。
(2) 本人と一緒に泊まることができるボランティアなどを募る。
※ボランティアは，できるだけ本人と同世代か若い人がよい。
※ボランティアと家族や支援者で留意点について打ち合わせをする。
(3) 実際に宿泊体験を行う。
※宿泊する場所に到着後の活動内容は，本人とボランティアにすべて任せ，基本的には本人が主体的な活動をできるようにする。

≪ダウン症っ子チャレンジポイント≫

・外泊の準備をすることができるか。
・ボランティアや同世代の仲間と宿泊することができるか。
・帰ってきて後片づけをすることができるか。

【VI段階：P領域】

4-Ⅵ-65　仲間と会議をしよう

集団参加指導

ねらい

会社や事業所の同僚と一緒に話し合いをし，自分たちが集団で行いたいことを主体的に考えたり決めたりすることができるようになる。

場面

通所先，職場，地域など。

方法・工夫

(1) 司会者，記録者を決める（支援者が司会者や記録者と前もって打ち合わせしておくとよいでしょう）。

(2) みんなで机を囲み互いの顔が見えるように座り，会議の雰囲気作りをする。

(3) 会議の導入にみんながリラックスして話し合える工夫をする（名刺交換会，アイスブレイクなど）。

(4) 仲間集団で楽しむレクリエーションについての話し合いをする。

仲間集団で楽しめるレクリエーションの例

・ダンス（スキンシップを通して心身のコミュニケーションを楽しめる）。
・フルーツバスケット（ルールの下でコミュニケーションを楽しめる）。
・カラオケ（マナーを考えたコミュニケーションを楽しめる）。
・キャンプ（役割分担を考えたコミュニケーションを楽しめる）。

≪ダウン症っ子チャレンジポイント≫

・話し合いに参加することができるか。

【Ⅵ段階：B領域】

4-Ⅵ-66　感染症予防をしよう

個別指導・集団参加指導

ねらい

気管支炎や肺炎，鼻炎や中耳炎などの疾患にかかりやすい特徴のある本人が健康に過ごすために，外出する際に感染予防することができるようになる。

場面

家庭やグループホーム，通所先や職場，外出先など。

方法・工夫

(1) 感染の仕組みについてイラスト等を用いて本人に分かるように説明する。
(2) マスク，石鹸，手指消毒液，うがい薬など衛生用品を家に準備する。
(3) 家に帰ってきた際に，手洗い・うがいをする。
(4) 本人が意欲をもって手洗い・うがい・マスク着用などを習慣化できるよう，家族や支援者が声かけして評価する。

≪ダウン症っ子チャレンジポイント≫

・手洗いやうがいを自分からすすんで行うことができるか。
・マスクを正しくつけることができるか（目の下から顎まですっぽり覆う）。
・手洗い，うがい，マスクを習慣化することができるか。

※可能であれば，咳やくしゃみのマナー，手洗い方法などについて，本人が信頼する支援者と話したり実際に一緒にやってみたりするとよい。

【Ⅵ段階：P領域】

4-Ⅵ-67　地域の行事に参加しよう

集団参加指導

ねらい

外出して地域のこと（人，行事，サークル活動など）を知ること，地域の行事に参加することを通して家の周りでできる余暇を楽しむことができるようになる。

場面

家庭，自分の住む地域。

方法・工夫

(1) 地図（スマートフォンの地図アプリなどでもよい）を準備し，家族や支援者と一緒に，家の近所のどこに何があるか話をする。

(2) 動きやすい服装，地図，鉛筆，スマートフォンなどを準備して，実際に家の近所を歩き，駅や公民館，学校，交番，公共施設などを確認する。

(3) 地域の行事を調べ，町のお祭りや清掃，施設の行事などを見学したり参加したりする。

≪ダウン症っ子チャレンジポイント≫

・家族や支援者と一緒に，家の周りの地域のことを話すことができるか。

・住んでいる地域のこと（特に，地域でポイントになる人や建物など）について関心をもつことができるか。

・実際に外出して家の周りを歩き，地域のことを調べることができるか。

・地域の人と挨拶したり，交流したりすることができるか。

【Ⅵ段階：P領域】

4-Ⅵ-68 相談しながら計画して外出をしよう

個別指導・集団参加指導

ねらい

他者と相談しながら計画を立て外出できるようになる。

場面

家族やヘルパーさんと外出する場面など。

方法・工夫

(1) 相手への提案の仕方や相手の意見への応答の仕方を絵やカードで示しながら相談の練習をする。

提　案	応　答
・○○に行きたいと思うんだけど，どう？ ・○○するのはどうかな？ ・○○してみない？ ・○○するのがいいと思う	・○○はいいね ・そうしよう！ ・私は□□がいいと思うんだけど，どうかな？（自分のいやな気持を相手に感じ良く伝える言い方を工夫する）

(2) 本人と支援者が相談した内容をメモ帳・画用紙・ICT 機器などを使って視覚的に残し，計画する。

(3) 実際に外出する（ショッピング，外食，公共交通機関の利用など）。

≪ダウン症っ子チャレンジポイント≫

・ヘルパーなど家族以外の人と相談，計画できるか。

・実際に外出し，ショッピングや外食を楽しむことができるか。

【Ⅵ段階：S領域】

4-Ⅵ-69　1人の時間も大切にしよう

個別指導

ねらい

日中の作業・活動や外出の疲れをとり，リラックスして過ごすことができるようになる。

場面

家庭やグループホームなど本人の住まいの場。

方法・工夫

(1) リラックスできる方法を知る（家族や支援者，職場の仲間などと，さまざまなリラックスの方法について話してみるとよいでしょう）。

(2) 本人が1人になれる空間を作る（自分の部屋，静かな空間）。

≪ダウン症っ子チャレンジポイント≫

1人の時間をリラックスして楽しむことができるか。

リラックスの例。

・スキンケア（保湿クリーム，マッサージなど）。

・ストレッチ，ヨガ（ゆっくりと体や関節を動かす，呼吸を整える）。

・アロマテラピー（香りを楽しむ）。

・粘土（感覚刺激を楽しむ）。

・お茶，コーヒー，お酒などを飲む　※適量を守って楽しむ。

・カラオケ　※適度な時間，マナーを守って行う。

・ドラマ，ＤＶＤ鑑賞　※熱中して夜更かししないようにする。

よくあるQ&A

Q1 ダウン症の子どもにICTは合っているの？

A1 タブレットやパソコンが生活の中に入り，私たちを取り巻く環境は大きく変化しています。スマートフォンは機能が充実し，インターネットから情報を得て，メールやSNSなどを使うことが日常となり，電子マネーでの支払い，書類の電子申請など，生活のほとんどがICTによるものともいえます。子どもたちの中には，生まれた時からICT機器がある生活をしている世代もあって，おとなが考える以上に，こうした情報機器や便利なツールの使用・操作が上手です。タブレットをうまく操作しているダウン症のある子どももたくさん見かけます。タブレットは画面を見て，指でタッチして操作ができますから，視覚からの情報入力が得意なダウン症のある子どもにとっては使いやすい機器です。電子マネーを使うと買い物も簡単ですし，タブレットにより好きな動画を見たり，楽しみや生活が広がっています。習う（理解する）より慣れろ（やってみよう!）というところもありますので，是非とも使っていきましょう。

Q2 スマートフォンやタブレットにはどんな使い方がありますか？

A2 スマートフォンやタブレットは，コミュニケーションや学習のツールとしても活用できます。タブレットの文字をなぞる文字練習のアプリや，絵が出てきてひらがなで書くと正誤を教えてくれるアプリ（ことばの学習）などもあり，楽しく取り組めます。コミュニケーションのツールとしての使用例として，タブレット（スマートフォン）画面にいくつかの枠が表示され，そこに自分の好きな写真や絵を入れ込むことができ，たとえば自分のやりたいことの写真や絵を４つ入れれば，その中の１つの写真を指さすことによって今やりたいこと（欲しいもの）を意思表示できるコミュニケーションツールとなります。

そうしたアプリは，無料でさまざまなサイトからダウンロードできるものも多々あります。

ただし，利用にあたって気をつけることとして，スマートフォンやSNSなどのトラブルです。ルールやマナーを守ることはしっかりと教えていきましょう（使用の実際もおとなが把握して，使用料や使い方などを管理することも必要な場合があります）。一方，子どもが文字を習得し書けるようになる学習過程を考慮すると，低年齢段階では鉛筆を使って書く経験も必要となってきます。こうした身体（指・手・腕と眼の協応動作など）を使った経験も十分に保障することが必要です。

Q3 ダウン症の子どもは，社会性の発達が良いと聞きますが？

A3 ダウン症のある人は人懐っこく，愛想がいいといわれています。穏やかな子どもも多く，実際に人と関わることは好きな子どもが多いという印象がもたれています。こどばによる表現が少ない子どもも，他者や周囲の人をよく見ていて，相手の表情から読み取ったり，相手に合わせて感じたりしています。たとえば，パン屋さんで働いているダウン症のある人は，いつもニコニコと迎えてくれて，周りをハッピーな気持ちにさせてくれる天使の笑顔だといわれたりしていました。人の気持ちに敏感で，学校でも困っている子どもを見ると慰めたり，その子どもに合った誘い方をするなどの姿を見かけます。もちろんダウン症のある人においても個人差はありますが，こうした姿は長所や良い面，ユニークさとして認めてあげて，いつまでも大事にしてあげたいです。

Q4 社会性が良いという特性で，逆に気をつけることはありますか？

A4 社会性が高かったり，人付き合いが好きなことは大事にしてあげながら，おとなになってからも「おとなになったから一人でやりなさい」と突き放すのではなく，たとえば，家族とカラオケに行ったり，懇談するなど，他者や多くの人と関わる機会を継続してあげることが大切です。他者や周囲のことをよく見ていますから，家族や支援者などは，常に話しかけたり声かけするのではなく，「見ているよ」「気にしているよ」というメッセージ（ジェスチャーや合図，表情，メールや手紙など）を送れるとよいでしょう。一方，他者の気持ちや周囲の雰囲気などを敏感に感じやすい面があるので，学校・職場でのストレスをためこみやすい傾向にあります。ダウン症のある人には，まじめで実直な人が多く，がまんしてしまう姿も見られます。学校や職場などに，楽しく通っているか，表情は明るいか，「楽しい」と言うけれど本心はどうなのか，などに配慮してあげましょう。

Q5 学校卒業後の豊かな生活のためにどんな準備をすればいいの？

A5 学校卒業後は，おとなとして，社会人としての生活が始まりますが，豊かに生きてほしいものです。そのためには，達成感を得られる仕事をする，自己実現できる活動をする，楽しみとしての趣味をもつ，日中の課された仕事・活動以外の時間を自身に合ったスタイルで過ごす，などが重要になります。楽しみや趣味などは生活の“はり”になり，いきいきと生活することにつながっていきます。多くのダウン症のある人は，自分なりにいろいろな楽しみを見つけています。たとえば，音楽や体を動かすことが好きな子どもが多く，ダンスサークルに入って活躍しています。地域のサッカーチームに入って真剣にプレイしたり，習字や茶道などの習い事に取り組んで段や級をとって上達している人もいます。中には，専門職（芸能など）の事務所に入って，芝居やファッションショーなどに出演している人もいます。他にも，地域のお祭りやイベントなどに参加したり，ボランティア活動に取り組んでいる人もいます。こうした趣味や余暇を充実して過ごすために，学校時代からいろいろな経験をしておくことが大切です。子どもの頃や若い年齢期だからこそ，新しいことや苦手と敬遠する場面にもちょっとだけでも挑戦してみることや，そうした経験に慣れていくことも重要です。その中で，自身の好きなことや合ったものを見つけていきましょう。

Q6 どんな仕事が合っているのかをどのように見極めたらよいでしょうか？

A6 ダウン症のある人は，人と関わることが好きで，穏やかな性格で，比較的ゆっくりしたペースで活動する人が少なくありません。そうした姿を見て，介護の仕事に合っているという人もいます。成人したダウン症のある人の中には，一般の高齢者にある動きのゆっくりさに合わせたり，同じ話を繰り返し聞いてあげたり話したり，相手のペースに応じて待ってあげたり，穏やかに優しく関わることができる姿を見かけます。同様に，障害者福祉の事業所でも，自分よりできない人のお世話をやいたり，職員の手伝いを率先してしてくれる姿も見ます。一方，体を動かし活発に活動することが好きなダウン症のある人もいたり，同様に，手先がとても器用な人，芸術的なセンスが高く作品を黙々と制作する人など，1人1人に違った個性があります。時代の変化とともに，現在でも新しい仕事がたくさん生まれています。今を生きる子どもたちがおとなになる時代には，新しい仕事や働き方，活動の仕方があって，職業観，生活の価値観などが大きく変化しているかもしれません。子どもの将来の夢を育み，やりたいことや好きなことを確かめながら，しっかりと意思を聞き，家族の中で相談しながら考えていきましょう。

索引

た

な

は

や

ら

監修者　橋本創一　東京学芸大学

編　者（※は編集幹事）

橋本創一　東京学芸大学
李　受眞[※]　浜松学院大学
尾高邦生　順天堂大学
細川かおり　千葉大学
竹内千仙　東京慈恵会医科大学附属病院 遺伝診療部

執筆者（執筆順）

はしもとそういち
橋本創一　まえがき・8章・9章・Q＆A　監修者
おだかくにお
尾高邦生　まえがき・4章　編者
い　すじん
李　受眞　1章・Q＆A・索引　編集幹事
うたしろもえこ
歌代萌子　2章　社会福祉法人同愛会川崎市中央療育センター
たけうちちせん
竹内千仙　3章　編者
ほそかわ
細川かおり　5章　編者
さいごうしゅんすけ
西郷俊介　6章　社会福祉法人葦の家福祉会
みとがわまゆみ
水戸川真由美　7章　公益財団法人日本ダウン症協会

第9章プログラム執筆者（50音順）

うけなよしか
浮穴寿香　小金井市児童発達支援センターきらり
おだかくにお
尾高邦生　編者
かんだようこ
勘田陽子　長崎大学教育学部附属特別支援学校
こだまゆきこ
児玉由希子　東京学芸大学
さいごうしゅんすけ
西郷俊介　社会福祉法人葦の家福祉会
さないきわ
眞井希倭　荒川区子ども家庭総合センター
どうやまあき
堂山亞希　目白大学
ほりこしまほ
堀越麻帆　東京学芸大学

イラストレーター　武藤有紀，福田弥咲，小柳菜穂，しゃも，ひろのあやめ

たのしくできるダウン症の発達支援 アセスメント&プログラム
第４巻　社会性を育む

2023年７月15日　初版第１刷発行

監修者　橋本創一
編　者　橋本創一・李　受眞・尾高邦生・細川かおり・竹内千仙
発行者　宮下基幸
発行所　福村出版株式会社
〒113-0034　東京都文京区湯島2-14-11
電話　03-5812-9702　FAX　03-5812-9705
https://www.fukumura.co.jp
印　刷　中央精版印刷株式会社
製　本　中央精版印刷株式会社

ISBN978-4-571-12589-8　Printed in Japan